技法別

0・1・2歳児の
楽しい描画表現活動

監修●芸術と遊び創造協会
著●松浦龍子 遠山由美子 丸山智子

黎明書房

はじめに

　芸術と遊び創造協会（旧芸術教育研究所）では，子どもの描画活動について，幼稚園・保育所・絵画教室の実践者や様々な分野の研究者の方々と1960年代より共同研究を継続しています。
　その中で，０・１・２歳児の子どもたちのことを念頭において研究する必要性にもせまられ，こちらの方もあわせて行ってきました。
　その成果として，現場の多くの実践者によるすばらしい報告が次々と届いています。その中には，０・１・２歳児の表現活動の可能性が秘められた作品が数多くみられるようになりました。
　私たちは，どんな場合でも子どもたちの生活に密着した物事，自然界の出来事，あそびなどを大切にし，より教育的な条件と内容を考慮し，努力することが大切だと考えています。
　子どもたちの表現力を伸ばすための一助となることを願って，私たちの実践を紹介します。
　また，下記のことばは，常に私たちの理念として，繰り返し取り上げている，旧芸術教育研究所初代所長，多田信作のことばです。皆さまも文中にある「美しいもの」とは何か，表現活動とは何かをともに考えながら実践を重ねていきましょう。

　　美しいものをこよなく愛し，
　　美しいものをじぶんの力でつくりあげる
　　その喜びがわかる子どもたち。
　　みにくいものをこばみ，
　　みにくいものを美しいものにかえていく，
　　その心と力をもった子どもたち。
　　自分たちのまわりをより美しく，
　　より正しく，
　　より深く見つめる心と力をもった子どもたちに
　　育ってほしい。
　　このようなさまざまな力を，
　　よりよい集団のなかで，
　　豊かにつちかっていきたいと願いをこめ，
　　21世紀へとはばたく日本の子どもたちのために，
　　わたしたちは，
　　たゆまぬ努力と前進をつづけていくことを，
　　約束し合いたい。

　　　　　　　　　　　　　　　　　　　　　　　　　（作：多田　信作）

もくじ

はじめに　1
この本の利用のしかた　4

保育の中での表現活動，描画活動の大切さ　5
子どもの描画の発生と成長発達　7

なぐり描き

さくらの木　10
お池のまわりをおさんぽしよう　10
魚　11
なぐり描き●解説1　12
ひつじ　14
てるてる坊主とかたつむり　14
かたつむり　15
なぐり描き●解説2　16
みんなでなぐり描き　18
おひなさま　18
こいのぼり　19
なぐり描き●解説3　20

手・指

にわとり　22
クリスマスツリー　22
ゆきだるま（参考作品）　22
あひる　23
かに　23
手・指●解説1　24
ポップコーン　26
うさぎのお家　26
ぶどう　27
ぶどう（参考作品）　27
手・指●解説2　28

タンポ

たんぽぽ　30
さくら　30
こいのぼり　31
わたあめ　31
タンポ●解説1　32
うさぎ　34
いちご　35
お友達（人）を描く　35
タンポ●解説2　36

綿棒

コスモス　38
赤まんま　39
綿棒●解説1　40
傘にポツポツ　42
てんとう虫のおさんぽ　43
いちご　43
綿棒●解説2　44
ゆきだるま　46
ながぐつ　46
サンタクロース　47
綿棒●解説3　48

スタンプ

花　50
ひよこ　51
あじさいとかたつむり　51
スタンプ●解説1　52
スリッパ　54
てぶくろ　54
みかん　55
こいのぼり　55
スタンプ●解説2　56

シール

クリスマスツリー　58
こいのぼり　58
きのこ（参考作品）　58
魚　59
クリスマスカード　59
シール●解説　60

筆

コスモス　62
プリン　62
ぶどう（クレヨン）　63
ぶどう（絵の具）　63
筆●解説1　64
自分（ポーズ人間）を作る　66
雨が降るよ　67
筆●解説2　68
自分の顔　70
サンタクロース　71
ゆきだるま　71
筆●解説3　72

型紙　74

執筆者一覧　79

この本の利用のしかた

　この本は，保育所，幼稚園，未就園児の0・1・2歳児を対象にした描画を中心とした表現活動について，子どもたちの成長や発達に合わせて取り組めるようにまとめられています。

　技法別に「なぐり描き」「指・手」「タンポ」「綿棒」「スタンプ」「シール」「筆」に分類して紹介していきますので，それぞれの子どもの状況によって，一番取り組みやすい活動から始められてもいいと思います。0・1・2歳児の子どもたちの日常のいろいろな経験や活動に，少し意識的に目を向けていただくことによって，子どもの状況の違いなどが見えてくると思います。

　私たちは，子どもたちの自由な「なぐり描き」は，とても大切なことで重要な役割を持っているので十分に経験させて欲しいと思っています。

　この本で，取り上げている「なぐり描き」は，上記のことも踏まえ，ただあまり意識しない「なぐり描き」だけではなく，子どもたちの身近にあることやあそんだこと，わかったこと，そのつもりになったことなどを表現しています。

　0・1・2歳児の子どもにとって，そのつもりになったり，模倣したりすることは大事です。意識することによっていろいろと芽生えてくることもたくさんあります。いろいろと工夫が見られる作品をご覧になれば，子どもたちが喜んで表現している様子が伝わってくると思います。また，紙の大きさ，色，形なども工夫によって新しい発見が見られます。

　例えば，「こいのぼり」という一つの題材でも，ここでは「なぐり描き」「タンポ」「スタンプ」「シール」の4種類の実践が取り上げられています。この時期にどんな活動をしたら子どもたちがわかり，楽しく取り組めるのか，この本の実践例を見て選択してください。また，このことを手がかりに他の方法で取り組んでみれば，可能性はさらに広がります。子どもたちは自分ができることがわかれば，喜んでどんどん活動をします。

　実践するには，そのための導入や準備が必要で，とても大切なことです。作品解説の中の"ねらい""準備するもの""指導の方法""指導のポイント"など参考にして子どもたちと共に喜び合える実践を展開してください。

　また，既刊の『0～3歳児の描画指導』（芸術教育研究所・おもちゃ美術館編，多田信作・丸山智子執筆，黎明書房）も合わせてぜひ，利用してくださることをおすすめします。

保育の中での表現活動，描画活動の大切さ

※ p. 5～9で紹介する子どもの作品は，カバー裏にすべてカラーで掲載されています。

愛情たっぷりで，豊かな感性を育てよう

　子どもの発達を見ますと，生まれて数週間は，自分の存在もよくわかっていない時期です。1～5カ月は，お母さんと自分が一体となっている共生期。共生感を実感するためには，しっかり抱かれることが大切で，健全な共生期をしっかり過ごすことにより自分が分化していきます。5～9カ月はお母さんと他の人の区別が出来るので人見知りが出てきます。9～14カ月にハイハイして歩けるようになって，離れはじめます。14カ月～2歳では，自分の好奇心で行動したいけれども親から離れると不安も感じます。しかし，親が影になり日向になりそばにいてくれることで，安心して行動範囲を広げていくようになります。

おにぎり（1歳児）

　自分の力で移動し始め，未知のものに遭遇した時に，子どもは必ず後ろを振り返ります。これは自分がどう対応したらよいか親に問いかけているのです。お母さんが「大丈夫よ」「危ないから気をつけて」などと教えてあげることによって，よいとか悪いとかが行動を通してわかるのです。

　このようにお母さんから多くを学び，自分を見守っている人がいることで安心するのです。こういう体験を通して，幼少期にどれだけ社会的感性が育っているかが表現活動にも影響するのではないでしょうか。

　子どもたちは豊かな愛情の中で心身ともに健やかに育ち，自ら伸びていく無限の可能性を持っています。幼稚園・保育所の中でも，子どもたちの豊かな感性が育ち，人との関わりの中で自立していくのですから，生き生きとした人生，ライフサイクルを見通した養護と教育が一体となった保育を系統的，継続的に行う必要があります。そして，一日一日を幸せに生活すること，未来を生きる力を育てるための子どもの育ちを支えることを心掛けなければならないと思います。

自分を表現する力をもつ

　0～2歳児の頃は，子守唄やわらべうたあそびの心地よい刺激やスキンシップ，子どもたちの身近にある風，空，水，草花，木などの自然を五官で感じとりながら，さらにそれらに共感するやさしい言葉かけにより，好奇心や期待感にあふれた楽しい生活をお母さん，または保育者と十分に過ごすことで豊かな感性が育まれ，それらが自分を表現する力となっていくと思います。

　まだまだ，絵を指導する時期ではないと思われる方もいらっしゃるでしょうが，私たちはどの子も絵を描くことが好きになり，その楽しさを知ってほしい，そして自由に自分の思っているこ

とを伸び伸び表現してほしいと思っています。それには，無理をせず，誰にでも描ける単純でやさしいものを選ぶように配慮して，自分にも「描ける」「描けた」という喜びや自信をもたせてあげることです。それができれば自分を表現する力がもて，次のステップへとつながっていきます。

教えるということ

　放任では子どもは育ちません。「表現活動」や「描画活動」においても同じことが言えます。「表現」は，どのように描くのかという「技術」抜きにはありえないので技術や材料を吟味して与えることが大切です。用具の取り扱いについては考えてわかるものではないので，保育者が伝え，教えることが必要なのです。その上で，「創造性」が発揮出来るものなのです。子どもの育つ道筋に沿って教育的刺激を系統的，継続的に与えていくことが必要なのです。

表現活動，描画指導

　１歳前後の子どもには大人の言葉をどんどん聞かせ，模倣させ，言葉と動作を一致させていきます。積木や輪通しなど，指を使うあそびも工夫します。ボールあそびや這ったり上ったり下りたりなど全身運動も助長します。

　２歳半前後，会話を土台とした課題に即した活動を展開します。生活に必要なものを上手に使いこなす指導を平行してすすめ，箸やスプーンの使い方，ボタンかけなどを習熟させ，基本的な生活を自立させます。

サンタクロース（３歳児）

　このような生活・あそびとともに「描画活動」は，手の発達を促進させるためにクレヨンやフェルトペンを使わせ，画用紙は 20 cm×20 cm くらいの大きさで，子どもの視野に入るサイズの活動から始めます。そして，絵の具を使ってタンポ，綿棒，型押し，指絵などで表現方法を広げます。シールを使っての構成も指先を使うので子どもは喜びます。

　ぜひ，表現活動の前には，子どもたちと全身を使って楽しくあそぶ活動，五官をたくさん使った活動を体験させて，人との共感を絵に表現したくなるよう欲求をたかめましょう。

子どもの描画の発生と成長発達

　クレヨンや鉛筆を手にしてそれが紙面等と触れ合った時に，その軌跡として点や線が表現される結果となります。月齢が低ければ低いほどその線は偶然的なもので，一人ひとりの子どもの身体的な発達とも大きく関連しています。
　では，身体的な発達にともない表現されるものがどのように変化していくのか，その過程について簡単に述べてみたいと思います。

描画の発生とその変化

　最初の段階は，点や細線が表現される段階です。まだクレヨンや鉛筆をしっかり持つことが出来ないことが多く，表現される点や線は，弱々しい状態がほとんどです。意図的な点や線ではなく，偶然できたものが多いといえるでしょう。

点の描画（1歳児）

　次の段階になると，弓形の線がみられるようになります。これは，手首や腕を使った左右の往復運動の結果できる線で，直線ではなく弓形（アーチ型）の線となるのが特徴です。手首だけを動かして描いた線の長さは短く，腕や肘を使って描けるようになると長い弓形の線へと変化していきます。クレヨンをしっかり握ることが出来る子どもは，太くはっきりした線を描く事が出来ます。また，活発に動きまわることが好きな子どもにも，しっかりした線を表現する傾向がみられます。

　第三段階になると，手首を使った小さいぐるぐる（うずまき線）が出てきます。手首を回転させることにより表現される線です。手首がしなやかに動くようになると，描かれる線も変わってくることがわかることでしょう。
　右利きの子どもは時計の針と同じ方向に手首を回転させることが多いですが，左利きの場合は，その逆方向に手首を回転させて描く姿が多くみられます。無理なく動かすことができる方向は利き手により違いがあるわけです。
　ここでも筆圧により，力強い線・やさしい線というように表現される線に違い

弓形の描画（1歳児）

がみられます。

　第四段階になると，手首の回転から腕，肘も連動しての回転に変わっていきます。その結果，うずまき線が大きくなっていき，紙面全体を占めるようになります。いろいろな色のクレヨンを使う楽しさもわかり，様々な色のうずまき線をたくさん描くようになってきます。もちろん大きなうずまき線だけではなく，小さなぐるぐる（うずまき線）や点，細線，弓形の線なども組合せた紙面構成もみられるようになります。少しずついろいろな線が描きわけられるようになりはじめます。

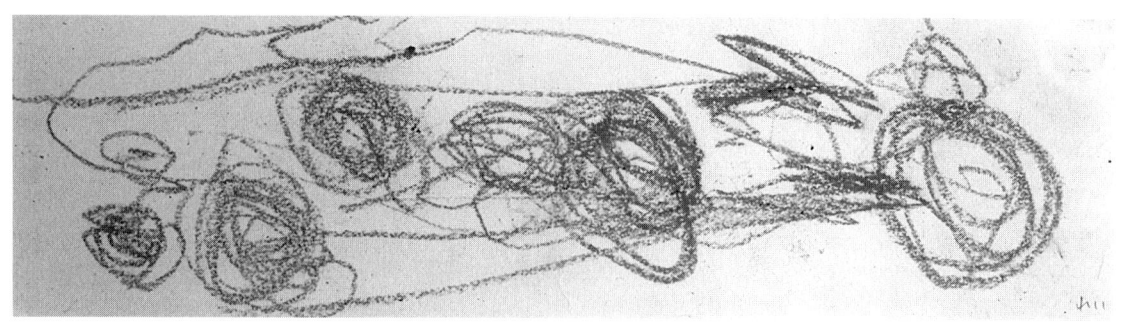

うずまきや線を使った描画（2歳児）

　第五段階となると，輪郭線が出てきます。少し前の段階からいろいろな線を描くことが出来るようになっていきますので，それらの線を利用して簡単な形を表現するようになります。

　この段階では，主に顔らしきものが表現されることが多いようです。それも一番身近にいる人の顔を描く傾向があります。"お母さん"を描く子どもがとても多いですが，おばあちゃん，お父さんと過ごす時間が長い子どもは，"おばあちゃん""お父さん"を描いています。顔の中で特徴的な目，口の他に髪の毛や足などを描くケースも時にはあります。

身近な人物の顔（2歳児）

　以上のような過程で子どもの描画は変化をしていきます。この過程の進み方は，同じ年齢の子どもたちでも一様ではなく，子どもの感覚，知覚，会話，思考などの発展の状態とその子どもを取り巻く環境による個人差が大きく現れてきます。

『赤』をおいかける

　今まで，なぐり描きの作品を何点か紹介してきましたが，この作品の中にはクレヨンの"赤"を使った作品が多く見られます。私たちのまわりを見回すと，日常生活の中で，"赤"が数多く使われていることがわかると思います。"赤"は大変目立つ色ですね。

例えば、街中にある赤い郵便ポストは、すぐに見つけることができます。"パッ"と目立つ色でもある理由からも子どもたちが色に対する認識をしていく中で、色を覚えるきかっけの第一歩となるのが"赤"なのです。

生活の中でいろいろな色の中から"赤"をおいかけることを覚え、"赤"にこだわる姿がみられる時期があります。その後、青や黄色といった他の色も認識しはじめていくわけです。

手と目の協応動作

様々な表現活動を展開する過程で、子どもたちの手を使う能力は他の様々な能力との相関関係で発達していきます。

指と手と、それに目との協応動作は段階的に少しずつ成長発達をとげていきます。これらの活動の正常な発達なしには、当然表現活動も前進しないわけです。

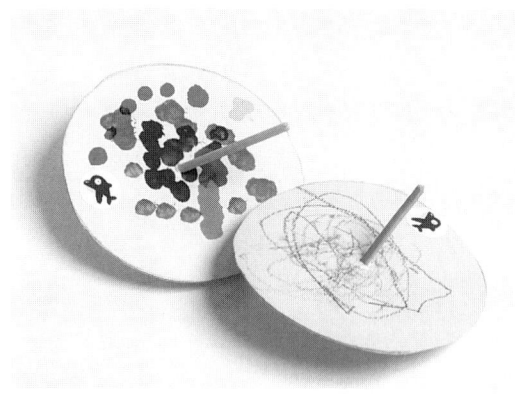

点描となぐり描きをいかしたコマ（1歳児）

指・手・目の三者のバランスのとれた協応動作は、生まれた瞬間から外界とのふれあいをひとつのきっかけとして少しずつ発展していきます。

そのためには、配慮しなければならないことがたくさんあります。手の活動は、絵を描いたり、紙を切ったり、粘土をこねたりする中でなされるのですが、しかしこれだけでは十分とはいえません。手の活動を円滑に進めるために保育者は、えんぴつ、筆、クレヨン、はさみ、粘土、のりなどの素材や用具の正しい使い方や上手な使いこなし方をわかりやすく知らせることも必要になってきます。正確で気持ちよい使いこなしを通して、子どもたちの諸能力が多面的に発展していくのです。それと共に、子どもたちを取り巻く環境や条件づくりも大変重要なこととなります。

手と目の協応動作、運動の成長、発達のためにはもちろん、観察活動、言語活動、鑑賞活動などの関連が大変重要なポイントであるということを忘れてはならないと思います。

なぐり描き

▼さくらの木（2歳児）

▼お池のまわりをおさんぽしよう（2歳児）

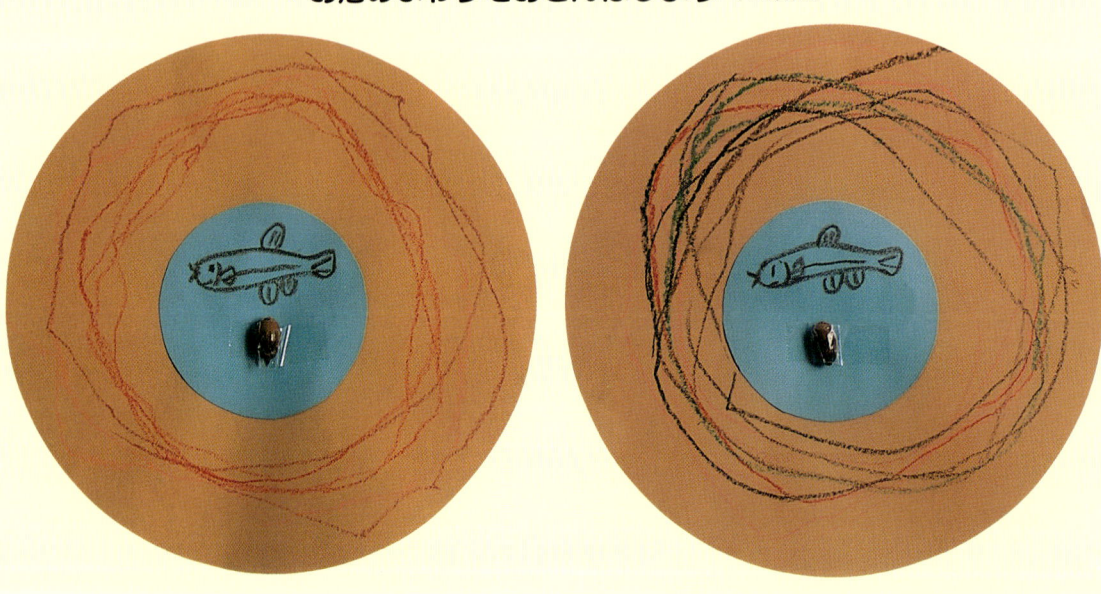

なぐり描き

▼魚（1歳児）

なぐり描き・解説1

さくらの木 （1〜2歳児）

【ねらい】　「春」の季節を感じ，さくらの花に興味を示して，手をたくさん動かし，満開のさくらの花のなぐり描きをします。

> ＊準備するもの＊
> - 桜の太い幹が貼ってある水色の画用紙（20cm×20cm）
> - クレヨン（ピンク）

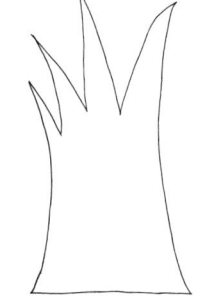

指導方法

❶ 桜の花に親しむ

　散歩に出かけ，公園や近所の満開の桜を「きれいね」と眺めたり，花びらを追いかけたり，集めたりして十分に楽しみます。

❷ 木に花を描く

　幹が貼ってある水色の画用紙を配り，「大きな桜の木にたくさん，たくさん，お花を咲かせましょう」と言葉かけをして，「ぐるぐる……」となぐり描きをして，満開のさくらの花を表現します。

お池のまわりをおさんぽしよう　（1〜2歳児）

【ねらい】　自由なぐるぐる描きから，線を意識し，手指をコントロールしながら，散歩をしている時の楽しい気持ちを描いていきます。

> ＊準備するもの＊
> - 薄茶色の画用紙（直径20cmの円形）
> - どじょうを描いた水色の画用紙（直径8cmの円形）
> - どんぐり
>   （拾ったどんぐりは熱湯でゆでたり，冷凍すると虫が出なくてよいでしょう）
> - クレヨン

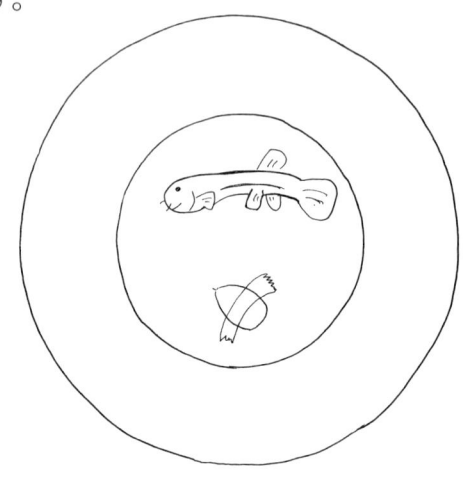

指導方法

❶ 散歩の体験を話して，どんぐりにも興味をもたせる

　散歩をした後に，「お散歩で，いっぱい歩いたね」「たくさんどんぐりが，落ちていたね」などと言葉かけをして，『どんぐりころころ』の歌を歌います。

なぐり描き・解説1

❷ **画用紙の池のどんぐりとどじょうに関心を向けさせる**

　用意した円形の色画用紙（薄茶色の円にどじょうを描いた水色の円を貼り，その上にどんぐりをセロハンテープなどで貼ります）を，「どじょうが出てきて　こんにちは」と歌いながら楽しく見せます。

　※切り抜いたどじょうの絵を，水色の円に貼ってもよいです。また，子どもの前で水色の画用紙にどじょうをのり付けして見せた後で，子どもにのり付けをさせてもよいです。

❸ **池のまわりにぐるぐる描きをして見せる**

　「いっぱい，お池のまわりをお散歩しようね」と，クレヨンで「ぐるぐる……」といいながら，ゆっくりと線を描いてみせます。

❹ **好きな色のクレヨンを選ばせて描く**

　「ぐるぐる……」と言葉かけをしながら，ゆっくりと丁寧に描けるようにします。ある程度描けたら「お友だちもお散歩しようね」とクレヨンの色を変えてまた描きます。

指導のポイント

　「お池に落ちないようにね」と声をかけてあげたりして，円型の池を意識したぐるぐる描きができるようにします。

魚　（1～2歳児）

【**ねらい**】　型のある画用紙に，楽しくなぐり描きができるようにします。

＊準備するもの＊
- 白の画用紙
- 魚型の黄やオレンジ色の画用紙（2～3種類）
- 魚のひれ用の折り紙　●クレヨン

指導方法

❶ **魚に関心をもたせる**

　「魚」が出てくる歌を歌ったり，手あそびをしたりします。どんな魚が身近にいるか，絵本なども見せて話します。

❷ **画用紙を選ばせる**

　2～3種類の魚の型の画用紙を見せて，好きな型を選んでもらいます。

❸ **なぐり描きをする**

　「お魚さんを描こうね」といって，魚の型の中になぐり描きをします。最後に「おめめはどこかな？」と問いかけながら目を描きます。

❹ **壁に飾る**

　折り紙から切り取った魚のひれを貼ります。そして，作品を水色のスズランテープでつなげ，壁にたらして，魚が泳いでいるように飾ります。

▼ **ひつじ**（0歳児）

▼ **てるてる坊主とかたつむり**（2歳児）

なぐり描き

▼**かたつむり**（1歳児）

みらの

たけみ

なぐり描き・解説 2

ひつじ （0～1歳児）

【ねらい】　クレヨンをしっかり持ち，ぐるぐる描きを楽しみます。

＊準備するもの＊
- ●動物の絵本　●クレヨン
- ●ひつじの顔を完成させた画用紙と体の型の白の画用紙（八つ切り 1/4）

指導方法

❶ 「どうぶつ」に興味をもたせる
　絵本の「どうぶつ」の絵をゆっくり見せて，興味がもてるよう一人ひとりに声をかけてお話をします。

❷ クレヨンでぐるぐる描きをする
　保育者が作ったひつじの体の部分に，手首を十分に使って，ぐるぐる描きをします。描いたら，用意したひつじの顔とつのを貼ります。

指導のポイント

集中できるタイミングを大切にしながら行います。

てるてる坊主とかたつむり　（1～2歳児）　　型紙 p.74

【ねらい】　顔の目と口がわかり，手首や指先を使って小さな丸（水玉模様）を描くことを楽しみます。

＊準備するもの＊
- ●あさぎ色の画用紙（八つ切り）
- ●てるてる坊主型の白の画用紙
- ●かたつむりの殻用の薄茶色の画用紙（直径 6cm の円形）
- ●かたつむりの型の黄土色の色画用紙
- ●クレヨン

指導方法

❶ 「てるてる坊主」について知る
　雨降りが多い梅雨の季節に雨が降って外あそびや散歩が出来ない時，お天気になるように「てるてる坊主」を作ってお願いすることを話します。

❷ てるてる坊主の形を理解させる

　子どもたちにてるてる坊主の形を貼った画用紙を配り，てるてる坊主のどこが顔でどこが体かを聞いて，区切りになるところに一本の線を描いてもらいます。

❸ 顔を描く

　てるてる坊主に目と口があることを知らせ，クレヨンで描きます。

❹ 水玉模様を描く

　体の方には，かわいい水玉模様の洋服になるよう好きな色を使って小さな丸を描きます。

❺ かたつむりの話をする

　「雨が降るころ，かたつむりがいるよ」とかたつむりのお話をします。子どもたちとかたつむりを探しに行き，本物のかたつむりをよく観察し，飼育できたらよいでしょう。

　※かたつむりには人間に害を与える寄生虫（広東住血線虫）がいるため，触ったら手をよく洗ってください。

❻ かたつむりの殻を描く

　直径6cmの円形の画用紙（薄茶）にぐるぐる描きをして，かたつむりの体にのせ，出来上がったら，てるてる坊主の横にかたつむりを貼ります。作品を見ながら「てるてる坊主」と「かたつむり」の歌を楽しく歌うのもいいでしょう。

かたつむり （1～2歳児）

【ねらい】　手首を動かして円を描き，段々とかたつむりになっていく楽しさや喜びを味わいます。

＊準備するもの＊

- 白の画用紙（八つ切り）
- クレヨンまたは，サインペン
- かたつむりの目と体用の黄土色と黒の画用紙

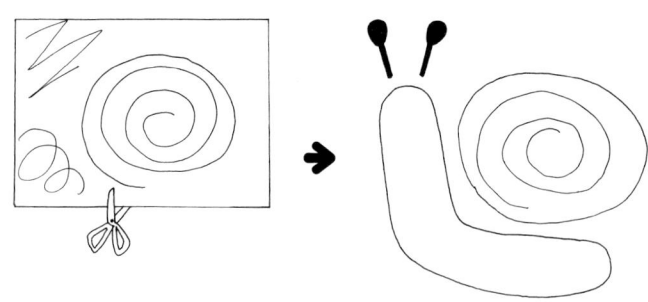

指導方法

❶ かたつむりに興味をもたせる

　「かたつむり」が出てくる絵本を読んだり，歌を歌ってかたつむりへの興味を膨らませます。本物のかたつむりを見せたり飼育したりしてみるのもよいです。

❷ かたつむりのうず巻きをみつける

　「たくさん"ぐるぐる"を描いてみましょう」と誘い，画用紙にぐるぐる描きをして，その中から一番うず巻きに近いものをみつけて丸く切り取ります。その後，それぞれのうず巻きの大きさに合わせて，黄土色と黒の色画用紙で体と目を保育者が準備します。

❸ かたつむりを作る

　かたつむりの殻の部分と体を合わせて「○○ちゃんが描いたぐるぐるが，かたつむりになったね」といい，うず巻きを切り取った画用紙と保育者が作った体，目玉を画用紙に一緒に貼ります。

　※完成したかたつむりを葉っぱの形の色画用紙に貼ってもよいでしょう。

▼**みんなでなぐり描き**（1歳児）

◀**おひなさま**（1歳児）

▼ **こいのぼり**（1歳児）

なぐり描き・解説3

みんなでなぐり描き （1〜2歳児）

【ねらい】　大きな画面にお友だちと一緒になぐり描きを楽しみます。

―― ＊準備するもの＊ ――
- ●淡い色の画用紙（全判）　●クレヨン　●セロテープ

指導方法

❶ 絵を実際に描いて，描く楽しさを伝える

「ジージー（お絵かき）するね，何がいい？」などと言葉かけをして，子どもたちからリクエストされたものを保育者が描きます。色々な物を描いた後に「○○ちゃんもジージー（お絵かき）する？」と一人ひとりに言葉かけをし，描くことを確認します。

❷ 描くときの注意を話す

「クレヨンをお口に入れていいかな？」「床にジージー（お絵かき）していい？」と実際に見せながら，やってはいけないことを話します。

❸ グループに分ける

なぐりがきに集中できる子どもとまだ集中できない子どもを一緒にして，4〜5名ずつのグループにし，色画用紙のまわりに座ります。色画用紙は，事前に動かないようにセロテープで床に貼っておきます。

❹ なぐり描きをする

各自好きなクレヨンを1色選び，大きな画用紙になぐり描きを楽しみます。また，クレヨンをひとりじめしていたり，描いていない部分があったら注意し，紙の全体に描けるように声をかけてあげましょう。

おひなさま　（1〜2歳児）

【ねらい】　行事の楽しさを感じながら，一年間，色々な描画材に触れた経験を活かして，おひなさまを作ります。

―― ＊準備するもの＊ ――
- ●めびなとおびなの着物用の色画用紙（八つ切りの1/4　各1枚）
- ●黒・はだ色の画用紙（髪の毛・顔）
- ●青・山吹色の画用紙（おびなの笏・烏帽子，めびなの冠・扇）
- ●クレヨン
- ●絵の具（黒・赤）
- ●溶き皿
- ●綿棒
- ●リボン

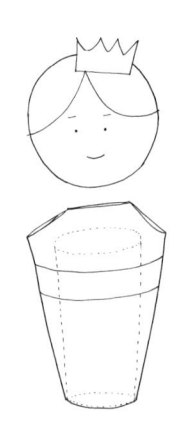

- 柄物の和紙
 （三角形に切り，両面テープを裏に貼って，手づくりシールにしておく）
- 飾り台（色画用紙を貼った厚紙）　●トイレットペーパーの芯

指導方法

❶ 「おひなさま」を知り，興味をもつ

「ひなまつり」や「おひなさま」の本や絵本を読んだり，歌を歌ったりします。実際におひなさまの人形を一緒に見て「きれいだね」など感想を話し合います。

❷ おひなさまの顔を綿棒で点描する

友だちや保育者の顔の目・鼻・口などの位置関係を確認します。保育者と一緒に絵の具を綿棒につけ，顔の紙に目・口を「てん，てん」と点描で表現します。

❸ おひなさまの着物の模様を描く

「おひなさまの着物，きれいだね」などの言葉かけをしながら，一人ひとりが楽しんでなぐり描きができるようにします。たくさん描けたら，和紙の手づくりシールを子どもが好きなところにペタペタ貼ります。

❹ おひなさまの置物の飾り台を作る

保育者がトイレットペーパーの芯に，着物の紙を貼って，リボンの帯と扇などの装飾をつけて体を作り，顔をつけます。台紙におひなさまを取りつけて完成させます。

こいのぼり　（1～2歳児）

【ねらい】　こいのぼりの形に切った和紙に，サインペンでなぐり描きをして楽しみます。

＊準備するもの＊

- 水色の画用紙（八つ切り）
- こいのぼり用の和紙（長さ約13cm，2枚）
- サインペン（赤・緑）
- 目玉用の色画用紙（黄・黒）
- ポール・吹流し用の色画用紙（黒・黄緑・赤・茶）

指導方法

❶ 「こいのぼり」の歌を歌う

「子どもの日」を知り，「こいのぼり」の話をして，興味をもたせます。

❷ こいのぼりのウロコを描く

こいのぼりの形に切った和紙と赤いサインペンを見せて「ジージー（お絵かき）を描いてみようね」といって並んで座り，一緒になぐり描きをします。

❸ 二枚目を描く

もう一枚の和紙に緑のサインペンでなぐり描きをします。

❹ こいのぼりを飾る

ポール，吹流しを貼った水色の台紙に2枚のこいのぼりを貼って完成させます。

手・指

▼**にわとり**（0歳児）

▼**クリスマスツリー**（1歳児）

▼**ゆきだるま**（1歳児） 参考作品

▼ **あひる**（1歳児）

▼ **かに**（2歳児）

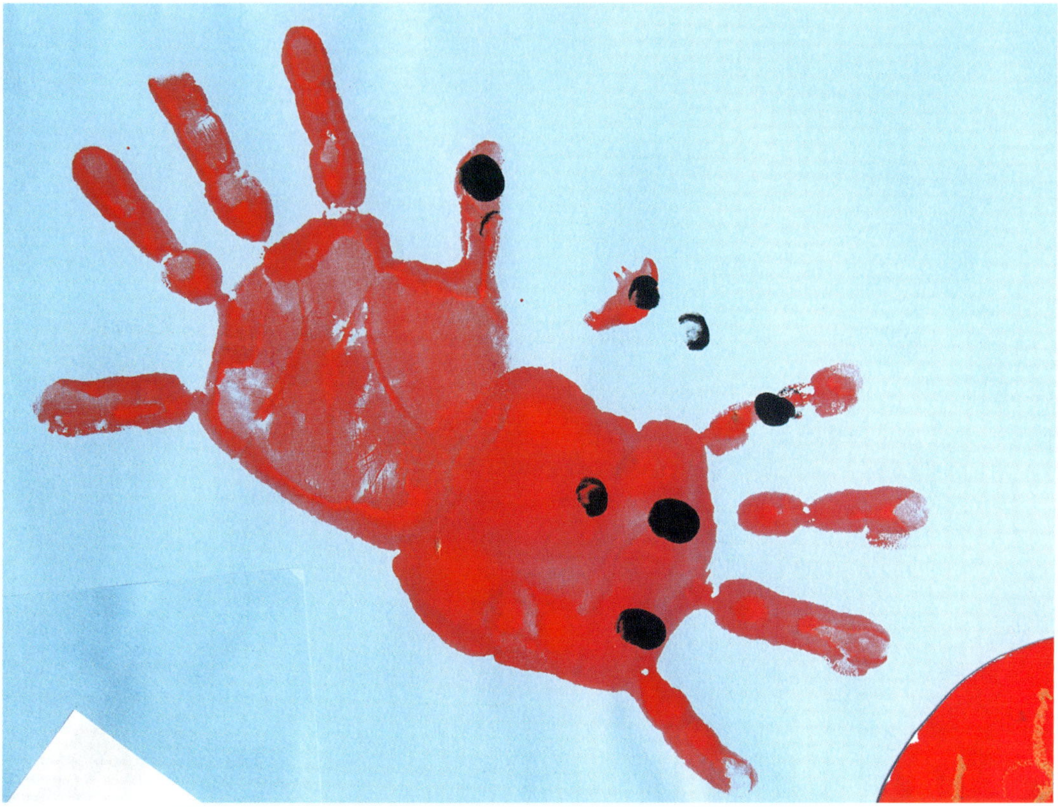

手・指・解説 1

にわとり （0～1歳児）

【ねらい】　心身ともに目覚しい成長を喜び，手形押しの作品で子どもたちの成長の記録としての描画表現を楽しみます。

―― ＊準備するもの＊ ――
- 水色か黄緑色の画用紙　●絵の具（白）　●筆　●スタンプ台の容器
- 小タオルまたはガーゼ　●おしぼり　●フェルトペン（黒）
- にわとりのとさか，口ばし，足を切りとった色紙（赤・茶・黄）

指導方法

❶ **スタンプ台作り**
　小タオルまたはガーゼを，子どもの手のひらが入る大きさの浅い容器に敷き，濃いめに溶いた白の絵の具を小タオルまたはガーゼに染み込ませてスタンプ台を作ります。

❷ **手形でにわとりを作る**
　子どもの手のひらをスタンプ台にのせ，白い絵の具をたっぷりつけたら保育者が手を添えて，色画用紙に手形をします。おしぼりで手の絵の具を拭き取るか洗ってあげます。

❸ **目と口ばしを描く**
　絵の具が乾いたら，保育者がフェルトペンで目を描き，口ばし，とさかや足の色紙を貼りつけます。
　※子どもの人さし指に黄色の絵の具をつけて，にわとりのまわりに，指型のひよこを2～3個押してもよいでしょう。

クリスマスツリー （1～2歳児）

【ねらい】　クリスマスのことを知らせ，ツリーのライトの指点描を楽しみます。

―― ＊準備するもの＊ ――
- ツリー型の緑色の画用紙（縦19cm　1人2～3枚）　●黄緑色の画用紙　●溶き皿
- ツリーの幹型の黄土色の画用紙　●星型の黄色の画用紙　●絵の具（白・ピンク・橙・水色）
- おしぼり　●リボン（赤）　●ビニールテープ（白）　●新聞紙　●すずらんテープ（緑）

指導方法

❶ **飾られているツリーを見る**
　「ピカピカしてたね」など実際に見たライトや飾りの話をし，ツリー型の画用紙を配ります。

❷ **ツリーのライトを描く**
　人さし指に絵の具をつけて，ツリー型の緑色の画用紙に「てん，てん…」とライトを描きます。

違う色を使うときはおしぼりで拭いてあげます。2〜3枚点描を十分に楽しんでから2枚を選び，幹を挟むようにしてツリーを貼り合わせます。※指の点描以外にタンポを使うのもいいです。

❸ **ツリーに星をつける**

出来上がったツリーを見せて「お星さまもついていたね」と話し，星をつけます。

❹ **リースを作り，ツリーをつける**

新聞紙を細長く丸めたものに白いビニールテープを巻き，その上からすずらんテープを巻いて丸く曲げて，リースにします。真ん中にツリーを飾り，赤いリボンを結んで，リースとして飾ります。※飾った後で作品集に綴じたり，色画用紙に貼って壁面に飾ります。

あひる （1〜2歳児） 型紙 p.75

【ねらい】 手形押しの技法を通して絵の具に触れ，描画表現を楽しみます。

―― ＊準備するもの＊ ――
- 白の画用紙（八つ切り） ●あひる型の白と黄色の画用紙（口ばし，足もつける）
- 絵の具（ピンク） ●スタンプ台の容器 ●ガーゼまたは布

指導方法

❶ **手のひらでスタンプする**

子どもの手のひらにスタンプ台のピンクの絵の具をたっぷりつけ，白の画用紙にスタンプします。しっかり押せるよう一人ひとり保育者が手を添えて手伝います。

❷ **手形を羽にする**

保育者が手形を切り抜き，あひるの体に貼ります。

かに （1〜2歳児）

【ねらい】 海にいる生き物に興味や関心を持ち，絵の具の感触を楽しみます。

―― ＊準備するもの＊ ――
- 水色の画用紙（八つ切りの1/2） ●絵の具（赤・黒） ●綿棒 ●スタンプ台の容器

指導方法

❶ **海の魚やかにについて知り，興味をもたせる**

魚やかにの特徴や動きについて話し合ったり，絵本や図鑑などを見て一緒に調べてみます。

❷ **手形でかにを作る**

片手ずつスタンプします。両手が離れないように片方の手形にくっつけて押します。しっかり手形がつくようにもう一方の手で，そっと押すようにします。目は綿棒で描きます。

指導のポイント

発展として，海の生き物に興味をもった子どもたちと一緒に，海の魚やいかなども色画用紙で作り，画用紙に貼って，水族館らしく飾るとよいでしょう。

◀ポップコーン（2歳児）

▼うさぎのお家（2歳児）

手・指

◀ぶどう（2歳児）

ぶどう（2歳児）▶
参考作品

手・指・解説 2

ポップコーン （1〜2歳児）

【ねらい】　ポップコーンの形・色をよく見て，点描のかたまりにより表現します。

＊準備するもの＊

- ●薄茶色の画用紙（円形で紙皿位の大きさ）
- ●絵の具（白）　●桃色の画用紙
- ●クレヨン（黄土色）
- ●ポップコーン

指導方法

❶ ポップコーンを見る

　バザーやお祭りなどで食べたことを話し，楽しかったことを思い出します。紙皿を配り，ポップコーンを1つずつ置いて，よく見ます。

❷ 指で描く

　紙皿のとなりに色画用紙（円形）を配ります。絵の具は，あまり水を加えずに溶いたものを用意します。ポップコーンの形を観察して話し合った後，人差し指に絵の具をつけて色画用紙に指を置いた所から「クルクルクル……」といいながら，点描を大きくしていきます。

❸ 点描をつなげていく

　1つ点描ができたことを確認して，その点描のすぐとなりにくっつけて同じように点描をします。そして，2つつなげた点描のすぐ下に，また1つずつ点描します。「おとなり，おとなり……」といいながら，4つの点描が離れないように描きます。

❹ ポップコーンの真ん中を描く

　絵の具が乾いたら，ポップコーンの真ん中の色を観察し，クレヨンの黄土色でポップコーンの真ん中の種の殻の部分を描きます。

うさぎのお家 （1〜2歳児）

【ねらい】　丸・三角・四角の組み合わせで，形ができることを知ります。

＊準備するもの＊

- ●若草色の画用紙（八つ切りの1/3）
- ●黒色の丸シール
- ●茶色の画用紙（正方形3cm）
- ●朱色の画用紙（三角形4cm）
- ●折り紙（薄桃色，うさぎの顔の丸型，耳型）
- ●絵の具（ピンク）
- ●溶き皿

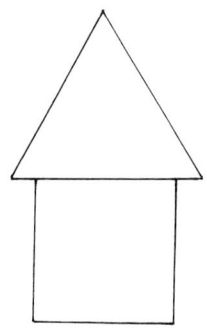

指導方法

❶ 絵本を読んだり，手遊びをする

うさぎや家が出てくる絵本を読んだり，手あそびを楽しみます。

❷ 三角と四角の画用紙を貼りつけて家を作る

三角と四角の折り紙を使い，家が出来る事を見せて，若草色の画用紙の端に貼ります。のりを使う際は少しずつつけ「おかあさん指にちょっとだけね」と言葉かけをしましょう。

❸ うさぎを貼る

ピンクの折り紙（顔とうさぎの耳）を家の反対側の端に貼り，うさぎの顔とします。顔と耳が離れないよう声をかけましょう。うさぎの目は，黒シールで貼ります。

❹ お話あそびをしながら点描を楽しむ

「うさぎさんのお家だね」「ピョンピョンお家に帰りましょう」と言葉をかけて，うさぎとお家の間を指でたどります。十分に遊び込んだ後，絵の具による指点描を行います。

ぶどう （1〜2歳児）

【ねらい】　おいしそうなぶどうの丸い形がわかり，指先をコントロールしながら，丸を描けるようにします。

＊準備するもの＊

- クリーム色の画用紙（八つ切りの1/4，黄緑色のクレヨンでぶどうの軸を描いておく）
- 絵の具（紫・赤・青）　●溶き皿
- でんぷんのり

指導方法

❶ ぶどうを観察する

おやつにぶどうを食べる時「甘いね」「色の違うのもあるね」など，ぶどうの形や大きさ，色，つき方をよく観察するよう言葉をかけます。

❷ ぶどうの色の絵の具を用意する

「ぶどうを描いてみようね。どんな色だったかな？」といいながら，紫に青を少し混ぜたものと紫に赤を少し混ぜたものの2色の絵の具を用意して見せます。

※絵の具にはでんぷんのりを少し混ぜ，指のすべりをよくし，スムーズに動くおもしろさを体験させます。

❸ 保育者が見本を見せる

用意した紙のぶどうの軸に，絵の具をつけた指を「ポン」と置き，「ぐるぐる……」と小さく回すようにゆっくり丁寧に動かして，ぶどう粒大に広げて見せます。赤系・青系の絵の具を自由に使い，一房のぶどうを描きます。

指導のポイント

絵の具にのりを少し混ぜて，指がスムーズに動くおもしろさを体験します。

タンポ

▼たんぽぽ（1歳児）

たけべ　やまと

◀さくら
（2歳児）

タンポ

◀ こいのぼり
（1歳児）

わたあめ（1歳児）▶

タンポ・解説 1

たんぽぽ （0～1歳児）

【ねらい】　タンポを使って楽しく身近な花の作品を製作します。

──────── ＊準備するもの＊ ────────

- ●白の画用紙（八つ切り）　●薄水色の画用紙　●絵の具（黄色）　●黄緑色と緑色の画用紙
- ●タンポ　※タンポの作り方　割りばしの先に脱脂綿やスポンジをガーゼでくるみ，輪ゴムや糸でしっかりと結ぶ。

指導方法

❶ たんぽぽに興味を持たせる

散歩途中で見かけるたんぽぽを子どもたちに意識的に話しかけながら見せます。

❷ タンポで花を作る

白い画用紙を用意し，黄色の絵の具をつけたタンポを渡して，「お散歩の時に見た花の色と同じだね」と声をかけながら，自由に押させます。たくさん出来たら保育者が切り取り，台紙の色画用紙に貼って，たんぽぽの花を表現します。

❸ 茎や葉を作る

保育者が黄緑色の画用紙で茎を作り，緑色と黄緑色を手でちぎって葉を作ってはります。

さくら （1～2歳児）

【ねらい】　枝のまわりにタンポで花をつけ，喜びを味わいます。

──────── ＊準備するもの＊ ────────

- ●白または，薄水色の画用紙（八つ切りの1/2）　●絵の具（白と赤の混色）
- ●茶色の画用紙（幹の形に切って画用紙に貼っておく）　●タンポ

指導方法

❶ さくらに親しみ，イメージを膨らます

さくらを見たり，散る花びらを追いかけてつかまえるなど，楽しくあそびます。

❷ タンポの押し方を見せる

保育者が「幹の近くから咲かせていこうね」とタンポで，「ポンポン」といいながら，幹からゆっくり丁寧にまわりに広げていくように，押します。

　※子どもが集中できる場合は，桜色の絵の具の混色過程を見せて，色の変化に驚いたりして興味をもたせ，製作意欲を引き出してあげましょう。

❸ タンポを押す

「"ポンポン"といいながら，ゆっくりやってみようね」と丁寧に落ち着いて出来るように言葉をかけながら行います。

こいのぼり　（1〜2歳児）

【ねらい】　こいのぼりに興味を持ち，タンポでウロコを表現して楽しみます。

＊準備するもの＊
- ●灰色と薄桃の画用紙（八つ切り1/2）　●木の枝
- ●目玉用丸型の画用紙（白・レモン・黒）　●のり
- ●絵の具（黒・赤）　●タンポ　●たこ糸　●折り紙

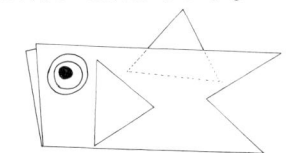

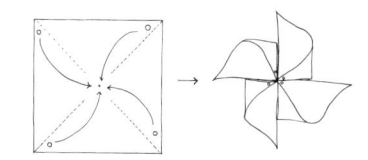

指導方法

❶ こいのぼりに親しみ，ポール用の枝を探しに行く

こいのぼりを見たり，歌を歌います。「自分のこいのぼりを作ろうね」と誘い，園庭や公園にこいのぼりのポール用の木の枝を探しに行きます。落ちている小枝を拾います。

❷ こいのぼりを作る

灰色の色画用紙には黒の絵の具で，薄桃の色画用紙には赤の絵の具で，タンポで押します。保育者が二つ折りにし，片端を三角に切り取って，背びれ・胸びれとして貼ります。目も，大きい丸型(白)の上に，中くらいの丸型（レモン）その上に小さい丸型（黒）の色紙を貼ります。

❸ こいのぼりのポールを作る

出来上がったこいのぼりを木の枝にたこ糸でつけます。矢車部分は保育者が両面折り紙で風車に折り，先端にテープでつけます。

わたあめ　（1〜2歳児）

【ねらい】　タンポを使ってふんわりとした甘いわたあめを表現します。

＊準備するもの＊
- ●薄茶色の画用紙（八つ切り）　●絵の具（白）　●クレヨン（白）　●タンポ
- ●割り箸　●台紙用の赤い画用紙

指導方法

❶ わたあめについて話す

お祭りなどで，食べたときのことを思い出し，色や形などを話し合います。

❷ わたあめを意識してクレヨンで描く

クレヨンの中からわたあめの色を探し，グルグル描きを十分経験します。その後，「もっとふわふわのわたあめになるようにしようね」と言葉かけをします。

❸ わたあめの大きさを決める

画用紙を配り，保育者が「どのくらいの大きさのわたあめを食べて見たい？」と子どもたちに尋ね，クレヨンで食べたい大きさの丸い形を描きます。

❹ タンポでわたあめを描く

タンポに絵の具をつけて，真ん中から「だんだん大きくなるよ」といいながら，あめを膨らませていくよう言葉かけをします。出来たら，保育者が切り取り，割り箸をつけます。

▼うさぎ（2歳児）

2/21
2才7ヶ月

タンポ

▼**いちご**（2歳児）

▼**お友達（人）を描く**（2歳児）

タンポ・解説2

うさぎ （1～2歳児）

【ねらい】 型抜きのおもしろさを味わいながら，タンポで表現した点の集まりで色が塗れることを知ります。

―― ＊準備するもの＊ ――
- こげ茶色の画用紙（八つ切りの1/4） ●絵の具（白）
- タンポ ●のり ●丸シール（赤）
- 色紙（赤・水色）
- うさぎの形に穴をあけた画用紙（ステンシル）

指導方法

❶ うさぎに興味をもたせる
うさぎが出てくる絵本や歌あそびをして，うさぎの特徴や跳び方を話します。

❷ 作り方を見せる
色画用紙（こげ茶）にうさぎの形に穴をあけた画用紙をのせ，その中をタンポを使い，ステンシルの要領で白い絵の具で色をつけて見せます。

❸ うさぎの色をつける
子どもたちに画用紙を配り，同じようにタンポで「ポン，ポン，ポン」とリズミカルに色をつけていきます。

❹ うさぎを完成させる
「お目めだよ」といいながら，丸シール（赤）を渡し，出来上がったうさぎの顔に貼ります。口とリボンの型の折り紙も用意してのりを付け，子どもに渡して，それぞれ貼ります。

指導のポイント

目の位置を示してあげると子どもには理解しやすいようです。また，口・リボンを子どもが貼ることで，それぞれのうさぎに表情が出ます。

いちご （1～2歳児）

【ねらい】 季節の食べ物を意識して味覚を味わい，いちごの形に色をつけて，おいしさを表現します。

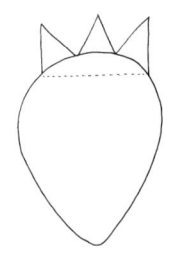

―― ＊準備するもの＊ ――
- 紙皿1枚(18.5cm) ●いちごの形を3個描いた白の画用紙
- いちごのヘタ型の緑色の画用紙 ●タンポ ●綿棒 ●のり

指導方法

❶ いちごについて話す

給食やおやつの時に食べたいちごのことを話します。いちごは，春の食べ物だということを伝え，色や形，味のことなども話し合います。

❷ タンポと綿棒でいちごを描く

いちごの形が3コ描いてある画用紙を配り，赤い絵の具をつけたタンポで甘いいちごになるよう色をつけていきます。乾いたら綿棒で点描をして，つぶつぶの種子を描きます。

❸ お皿にのせる

種子が描けたら保育者が切り抜きます。色画用紙のへたをつけた後，皿にのりで貼ります。

指導のポイント

タンポの他に，赤いクレヨンで小さなぐるぐる描きをして，おいしそうないちごをもう一皿作るのも発展として楽しめます。

お友達（人）を描く （1～2歳児）

【ねらい】　友達の洋服，顔の部分がわかり，左から右への意図的な線を描きます。

―――＊準備するもの＊―――
- 薄水色の画用紙（縦27cm×横30cm）　●タンポ　●絵の具（ぞうげ色・茶色）
- Tシャツ型の白の画用紙　●ステンシル用の丸く型抜きした画用紙　●クレヨン

指導方法

❶ ボーダーTシャツに興味を持たせる

保育者が着ているボーダーのTシャツを子どもたちに見せて「シマシマ」のイメージを持たせます。「○○ちゃんの洋服と一緒だね」「僕（私）も持ってる」など子どもたちと「シマシマ」の模様の服や物について話します。

❷ Tシャツ型の画用紙に線を描く

保育者がTシャツの形に切った画用紙に左から右への線で描くことを知らせ色々な色で描きます。Tシャツ型の画用紙を配り，好きな色のクレヨンで線を描きます。Tシャツの模様ができたら，保育者が台紙に貼ります。

※左利きの子どもなどの場合は，右から左への線描きなど，描きやすい方向で描きましょう。

❸ タンポで顔の色をつける

丸の型抜きを使い，Tシャツを貼った紙の顔の位置にステンシルの要領で「ポン，ポン」とタンポで色をつけます。丸形を外すと丸い顔の形が現れます。

❹ 手をつける

顔が出来ると手の位置は理解しやすいので，袖口にタンポで点描します。

❺ 顔の部位を描く

「目・鼻・口はどこかな？」と声をかけて，クレヨンで描きます。色は保育者が説明しながら指定します。髪の毛は子どもたちの自由な描き方で描きます。

綿棒

▼**コスモス**（2歳児）

綿棒

▲赤まんま（2歳児）

39

綿棒・解説1

コスモス （1〜2歳児）

【ねらい】　草花に興味を持ち，美しいと感じる気持ちを育てます。

＊準備するもの＊
- クリーム色の画用紙（八つ切り1/2）
- 絵の具（白と赤の混色・黄・黄緑）
- 綿棒
- みかん

指導方法

❶「コスモス」の花を知る

　秋に咲くことに気づかせて，コスモスを園庭や散歩で見たり，絵本や図鑑で見せて，名前が覚えられるようにします。部屋にもコスモスを飾り「きれいだね」と言葉かけをしながら，子どもと一緒によく見るようにします。

❷ 綿棒で描く

　綿棒で，コスモスの細い茎や葉っぱの線を描いていきます。

❸ お花のスタンプ

　みかんは皮をむき，房のすじを取り，少し乾かして房の皮をかたくします。みかんにお花の色の絵の具をつけて，描いた茎の一番上の部分にスタンプをします。

❹ 花を完成させる

　花の中心を指して「そこはお花の栄養がある所だよ」と説明します。綿棒に黄色の絵の具をつけて「ちょん，ちょん」と言葉かけをしながら花の真ん中を子どもたちが描きます。

実践者の言葉

輪切りにしたみかんが保育園の給食に出た時に「お花みたい」と声があがりました。子どもの気持ちを大切にして，みかんをお花に見立てて製作に取り組みました。みかんのスタンプは，思っていた以上にきれいにお花の形になり，子どもたちも大満足でした。

赤まんま　（1〜2歳児）

【ねらい】　小さな花に目を向け，色々な描画材を使って楽しみます。

＊準備するもの＊

- 薄緑色の画用紙
  （八つ切り1/3）
- クレヨン（緑）
- 綿棒
- 溶き皿
- 絵の具
  （緑・ビリジアン・赤紫）
- さつまいも
  （細い物）

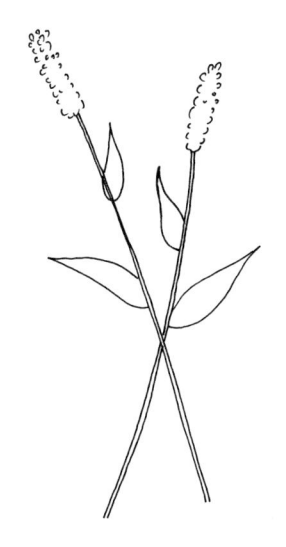

指導方法

❶ 散歩で花を摘む

散歩の途中で見つけた「赤まんま」を子どもたちと摘むことが出来たら，1本ずつ摘んで来ます。「丸いのがいっぱいあるね」など子どもたちからの発見があるように，一緒によく見て観察します。

❷ 色画用紙を配る

保育者がクレヨンで茎を描いておいた色画用紙を配ります。

❸ 綿棒で点描の見本を見せる

「茎の隣に"トントン"してね」といいながら，「赤まんま」の花の点描を見せます。画用紙と綿棒を子どもたちに配り，4〜5名のグループで，保育者が見守りながら点描を行います。

❹ 葉っぱの部分をスタンプする

葉っぱの部分は，さつまいもを使います。なるべく細いさつまいもを選んで端の部分を少し斜めに切ります。「さつまいもで葉っぱを作りましょう」といい，茎のそばにスタンプします。

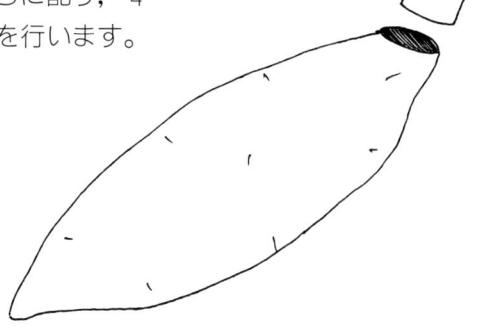

🖋実践者の言葉

葉に使ったさつまいもは，遠足で年長のクラスがおいも掘りにでかけて，掘ってきたさつまいもを使いました。子どもたちには，年長のお兄さんやお姉さんが掘ってきたおいもであることを伝えて，土から掘ったことなど話をしながら，楽しくスタンプをしました。

▼**傘にポツ ポツ**（2歳児）

綿棒

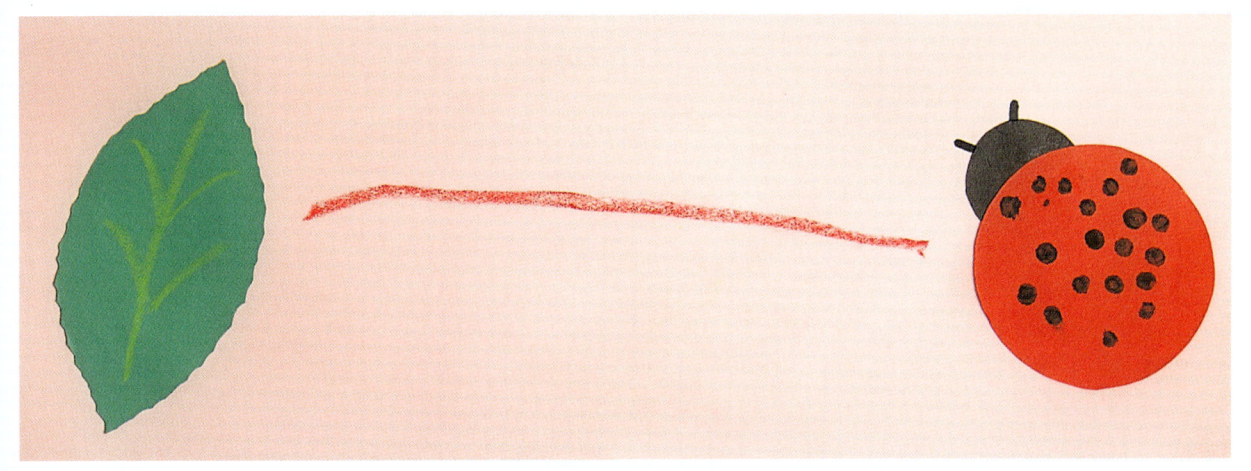

▲てんとう虫のおさんぽ（2歳児）

▼いちご（2歳児）

43

綿棒・解説 2

傘にポツ ポツ　（1～2歳児）

【ねらい】　雨のリズムを探し，言葉とリズムが楽しく展開できるように雨の日を楽しみます。

＊準備するもの＊
- ●台紙用の灰色の画用紙　（八つ切り1/2）
- ●傘型の画用紙　●綿棒
- ●絵の具（白・黄・青・赤・緑）
- ●傘の柄の型の色画用紙（青・桃色）

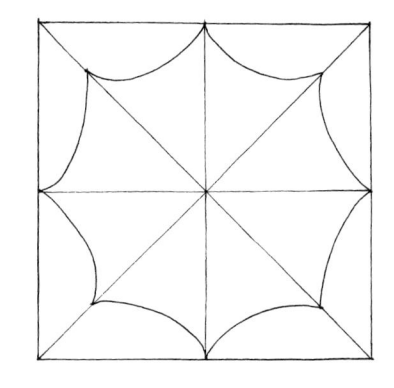

指導方法

❶ 雨の日の音を聞く

　窓やベランダから雨の様子を見たり，外の音を聞いたりしながら，雨だれの音なども探してみましょう。傘にあたる雨の音も聞きましょう。

❷ 「ポツ　ポツ」のリズムがとれる

　指で反対の手の平をつつきながら「ポツ　ポツ　雨の音」といって繰り返してあそびます。

❸ 「ポツ　ポツ　雨の音」を描く

　自分の好きな色の絵の具を綿棒につけて，「きれいな雨が"ポツ　ポツ"降ってきました」といい，傘の型の色画用紙に点描をします。

❹ 傘を貼ります

　きれいな傘ができたら台紙に傘と柄を貼ってかざりましょう。

指導のポイント

　簡単なリズムに合ったことばやことばに合ったリズムを探してたくさんあそびます。たたいて音の出るものでもあそび，体でリズムを感じさせます。

てんとう虫のおさんぽ　（1～2歳児）

【ねらい】　てんとう虫に綿棒で点の模様を「てん，てん……」と言葉と動作を合わせながら丁寧に描きます。

＊準備するもの＊
- ●台紙用の桃色の画用紙（八つ切り1/4）
- ●葉脈を描いた葉型の緑色の画用紙
- ●赤またはオレンジ色の画用紙（直径5cmの円）
- ●黒の色画用紙（てんとう虫の頭）
- ●綿棒　●絵の具（黒）　●クレヨン（赤）

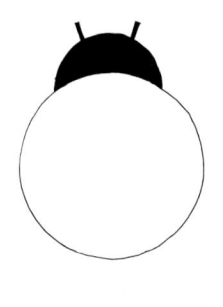

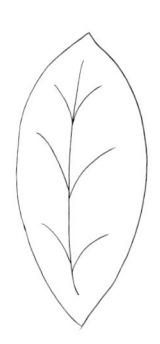

指導方法

❶ てんとう虫の形や色・模様について話す

保育者があらかじめ作っておいた色画用紙のてんとう虫を子どもたちに見せ,「てんとう虫のお洋服にすてきな模様をつけよう」と誘います。

❷ 点描の説明をする

溶き皿に絵の具の黒を溶かし,保育者が綿棒に絵の具をつけ,てんとう虫の色画用紙に丁寧にそっと押して,点をつけて見せます。「てん,てん……」といいながらゆっくりと見せます。

❸ 点描をする

「"てん,てん"と,ゆっくりやってみようね」といいながら,子どもたちが落ち着いて点描ができるようにします。点描が描けたら「すてきな服ができたね」などと言葉をかけ,一人ずつ作品を集めます。

❹ てんとう虫を貼る

絵の具が乾いたら,画用紙の両端に葉とてんとう虫を貼っておきます。

❺ 線でつなげる

「てんとう虫が葉っぱのところに遠足に行きますよ」といいながら,保育者がてんとう虫から葉までクレヨンで直線を描いて見せ,子どもたちもてんとう虫から線を葉へつなげ描きます。

いちご （1〜2歳児）

【ねらい】　身近な季節の果物であるいちごに興味を持ち,綿棒での点描を楽しみます。

＊準備するもの＊

- いちごとヘタの形に折った折り紙（赤・緑）
- かごの形に切って模様を描いた薄茶色の画用紙（八つ切り1/2）
- 綿棒　●絵の具（黒）
- 台紙用の色画用紙

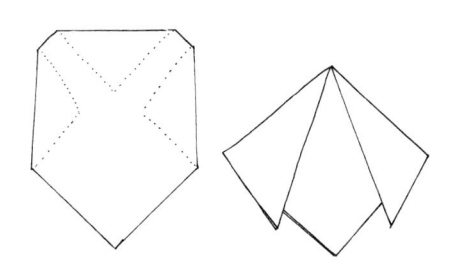

指導方法

❶ いちごの形や色を見て,食べる

給食やおやつのいちごを食べながらどんな味や形,色をしているかよく見て話します。「おいしいね」「甘いね」などと食べた感想をいい合います。

❷ 絵本を読む

いちごが出てくる絵本を読み,いちごの特徴を確認します。

❸ 実とヘタを貼りつけた折り紙のいちごをわたす

綿棒の持ち方,絵の具のつけ方,点描する位置を説明します。

❹ 点描をする

「"てん,てん"といいながら描いてみましょう」「いっぱい描けたかな」など言葉をかけながら楽しく取り組めるようにします。できあがったいちごを保育者が色画用紙から切りとって描いたかごに貼り,台紙に貼りつけます。

◀ **ゆきだるま**（1歳児）

ながぐつ（2歳児）▶

綿棒

▲サンタクロース（2歳児）

47

綿棒・解説 3

ゆきだるま （1〜2歳児）

【ねらい】　雪をイメージして，ハサミをゆっくり使えるようにします。

―― ＊準備するもの＊ ――
- 1.5cm幅程度の帯状の白い紙（コピー用紙等の薄い紙）
- ハサミ　●黒色の画用紙（13.5cm×19.5cm）
- クレヨン（白）　●絵の具（白）　●スプレーのり
- 黒・茶・水色の画用紙（目・口・帽子）　●綿棒

指導方法

❶ 「雪」について知る

　絵本や歌を通して「雪」を伝えたり，実際に雪が積もった日に子どもたちと雪を触ったり，雪だるまを作ったりする経験をさせます。

❷ 帯状の白用紙を切る

　ハサミで「ちょきん，ちょきん」と切って雪を作り，それぞれまとめて取っておきます。

❸ 雪だるまに紙を貼りつける

　黒画用紙に白のクレヨンで，雪だるまの形のラインを描いておきます。雪だるまの内側に保育者がスプレーのりをかけ，子どもが切った白の紙を1枚1枚貼っていきます。貼り終わったら，色画用紙の目・口・帽子等の各部分を貼ります。

※子どもが雪用の紙にのりをつけて貼るのもいいでしょう。

❹ 綿棒で雪を描く

　綿棒で雪を表現して，雪だるまのまわりに描きます。

指導のポイント

　雪だるまと雪の製作は，別の日に行います。雪だるまは，ゆっくり丁寧に教えていきます。雪の日に雪を見ながら製作するのも楽しく作品作りができます。

ながぐつ （1〜2歳児）

【ねらい】　クリスマスの日を待つ思いを大切にしながら，手や腕を動かして，綿棒での小さい丸をぐるぐる描きで表現します。

―― ＊準備するもの＊ ――
- 絵の具（白）　●シール
- サンタの帽子，顔，ひげを切りとった色紙
- 綿棒　●ながぐつ型の赤の画用紙

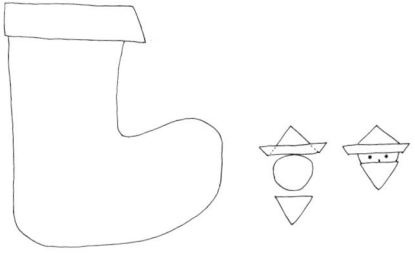

綿棒・解説3

指導方法

❶ **クリスマスの気分を盛り上げる**
　クリスマスの歌を歌ったり，絵本を読んで，クリスマスのイメージを膨らませます。

❷ **雪の模様を描く**
　パレットに白い絵の具を準備し，綿棒にふくませます。ながぐつの型の色画用紙に，綿棒を置き，雪をイメージしながら丸くゆっくり「ぐるぐる」と雪を描きます。

❸ **ながぐつに飾りをつける**
　絵の具が乾いたら，サンタクロースのパーツを子どもがながぐつに貼り，フェルトペンで顔を描きます。その後，クリスマスらしいシールを保育者が貼ります。

サンタクロース　（1～2歳児）　型紙 p.76

【ねらい】　子どもが親しみを持っているサンタクロースの顔のつくりを理解します。

＊準備するもの＊
- 台紙用の緑の画用紙
- 顔型の薄茶色の画用紙
- あごひげ型の白の画用紙
- 綿棒　●絵の具（白）
- サンタクロースの帽子型の色画用紙（赤・白）
- クレヨン（黒）

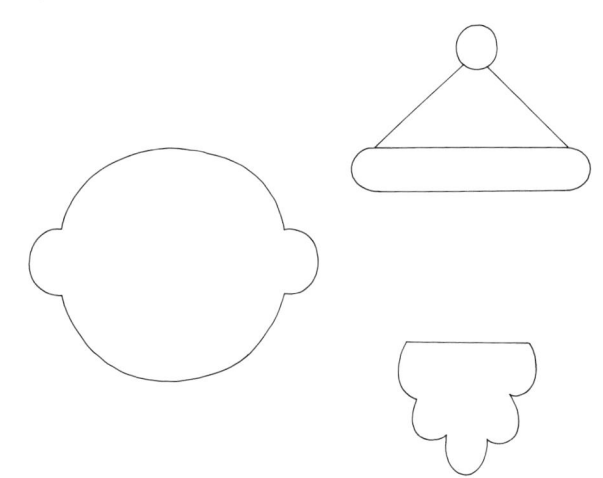

指導方法

❶ **顔の部位を知る**
　サンタクロースの人形や絵本を見せ，顔の形だけの色画用紙も出します。サンタクロースの人形などと顔の形だけの画用紙の2つの違いを話し合い，画用紙の方は，目・鼻・口などがない事に気づかせ，自分の顔も触りながら，目・鼻・口を一つ一つ確認します。

❷ **顔を描く**
　子どもに顔の形の色画用紙を配り，クレヨンの中から黒を探します。保育者と話をしながら顔を描いていきます。

❸ **描いたサンタクロースに帽子を貼る**
　「頭が寒いから帽子をかぶせてあげようね」といって配ります。帽子にのりづけして，かぶせます。「おひげもつけてみようね」とひげを配り，「お口に貼ってしまうとサンタさんはどうなるかな？」と問いかけて，あごの部分に貼るように伝え貼ります。サンタクロースが出来たら，保育者が緑の台紙に貼ります。

❹ **点描で雪を表現する**
　台紙に貼ったサンタクロースを子どもたちに見せて，綿棒で雪の点描をします。雪は空の上から降ることを確認して，画用紙の上から下へと雪を描き，「サンタに雪が落ちると冷たいね」とサンタに点描はしないように言葉かけをします。

スタンプ

▲花（2歳児）

スタンプ

▼**ひよこ**（2歳児）

さいとう
ほなみ

▼**あじさいとかたつむり**（2歳児）

スタンプ・解説1

花　（1〜2歳児）

【ねらい】　春の花を見て、花の美しさに関心を向けさせ、スタンプを楽しみます。

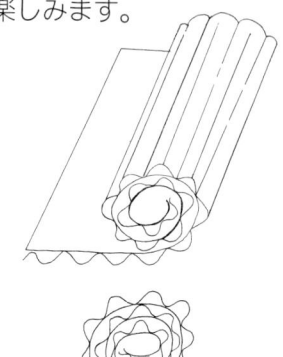

＊準備するもの＊

- 台紙用のクリーム色の画用紙
- 植木鉢型に切った茶色の画用紙
  （台紙に植木鉢を貼り、緑のクレヨンで茎を3本ほど描いておく）
- 片ダンボールのスタンプ
  厚手のダンボール板（5cm×18cm）の片面をはがし、丸めて止める（各色に1個ずつ用意する）
- 絵の具（赤・オレンジ・黄緑・緑）　●溶き皿　●筆（8号）
- スタンプ台（赤またはオレンジ色、つくり方はp.24参照）

指導方法

❶ 花の葉の描き方を説明する

　保育者が筆に黄緑と緑を混色した絵の具をつけて、筆先をロケットのようにとがらせます。台紙の植木鉢の茎の両面に「てん、てん……」といいながら、筆先からそっと下ろすようにして、ゆっくりと葉っぱを点描して見せます。

❷ 筆で葉の点描を行う

　「"てん、てん"といいながらゆっくりとやってみようね」「茎の横にたくさんつけようね」と話しながら行います。

❸ ダンボールのスタンプを押す

　「葉っぱがたくさんついたら、お花が咲きますよ」と片ダンボールを渦巻きに丸めてつくったスタンプをスタンプ台につけ、茎の上の先に「パッ！」といいながらゆっくりと押してみせます。「茎の上に"パッ"といいながら咲かせようね」と子どもたちに言葉かけして、一つずつゆっくりと押していきます。

❹ 壁面に飾る

　一人ひとりの鉢を並べて、動物やちょうちょなどもまわりに貼って飾るのもいいでしょう。

ひよこ　（1〜2歳児）

【ねらい】　経験したいも掘りのさつまいもを使って、スタンプを楽しみます。

＊準備するもの＊

- 黄緑色の画用紙　●スタンプ台（黄色）
- ひよこ型に彫ったさつまいも　●花のシール

指導方法

❶ 子どもの前にさつまいもを出して見せる
「これは何かな？」「お芋ほり楽しかったね」と経験したことを話します。

❷ 芋版に絵の具をつけて実際にスタンプをする
保育者が「ギュー，ポン」といいながら押して，興味を持たせます。画用紙を配り，ひよこの形がはっきり出るように「"ギュー"と押すんだよ」と言葉かけしながら行います。リズミカルに押せるよう保育者と一緒に楽しみます。

❸ ひよこを完成させる
絵の具が乾いたら，保育者が目・口ばし・足を描きます。

❹ シールを貼る
花のシールを配り「ひよこさんをお花畑に連れていってあげよう」と言葉かけをして，自由にシールを貼って飾ります。

あじさいとかたつむり　（1～2歳児）

【ねらい】 季節の花に目を向け，雨の時にきれいなあじさいの花の名前を知り，美しいと感じる気持ちを育てます。

＊準備するもの＊

- オリーブ色の画用紙　●葉用の緑色の画用紙（八つ切り1/4）
- あじさい用の画用紙（薄水・さくら色　八つ切り1/2で大小2コずつの丸型を切り取る）
- 薄茶色の画用紙（直径4cmの円形）　●片面ダンボール
- 黄土色の画用紙（4cm×1cm）　●絵の具（白・赤・青）　●タンポ　●綿棒
- おもちゃのブロック　●のり　●ピンキングバサミ　●スタンプ台（オレンジ・黄色）

指導方法

❶ 花に親しむ
公園や散歩の途中でみかける"あじさい"の名前を覚え，自分でみつけて名前がいえるようにします。

❷ あじさいにふれる
保育室にもあじさいの花を飾って，色や形がわかるように両手で触ってみます。

❸ タンポや綿棒のスタンプをする
薄水色の円形の画用紙には青色，桜色の丸型の画用紙には桃色の絵の具をタンポにつけて大きな花を作り，綿棒でも「とん，とん」と点描をしてあじさいらしくします。
※おもちゃのブロックの凹凸を使ってスタンプしても楽しいでしょう。

❹ かたつむりの殻をスタンプで表現する
ダンボールを子どもが持ちやすい長さに切り，渦巻きにして止めた物を用意し，薄茶の円形の紙にスタンプをして，かたつむりの体の上にのせます。

❺ 完成した作品を飾る
保育者があじさい（4枚）と葉（2枚）とかたつむりを色画用紙に貼ります。

▼**スリッパ**（2歳児）

◀**てぶくろ**（2歳児）

スタンプ

▼**みかん**（2歳児）

▼**こいのぼり**（2歳児）

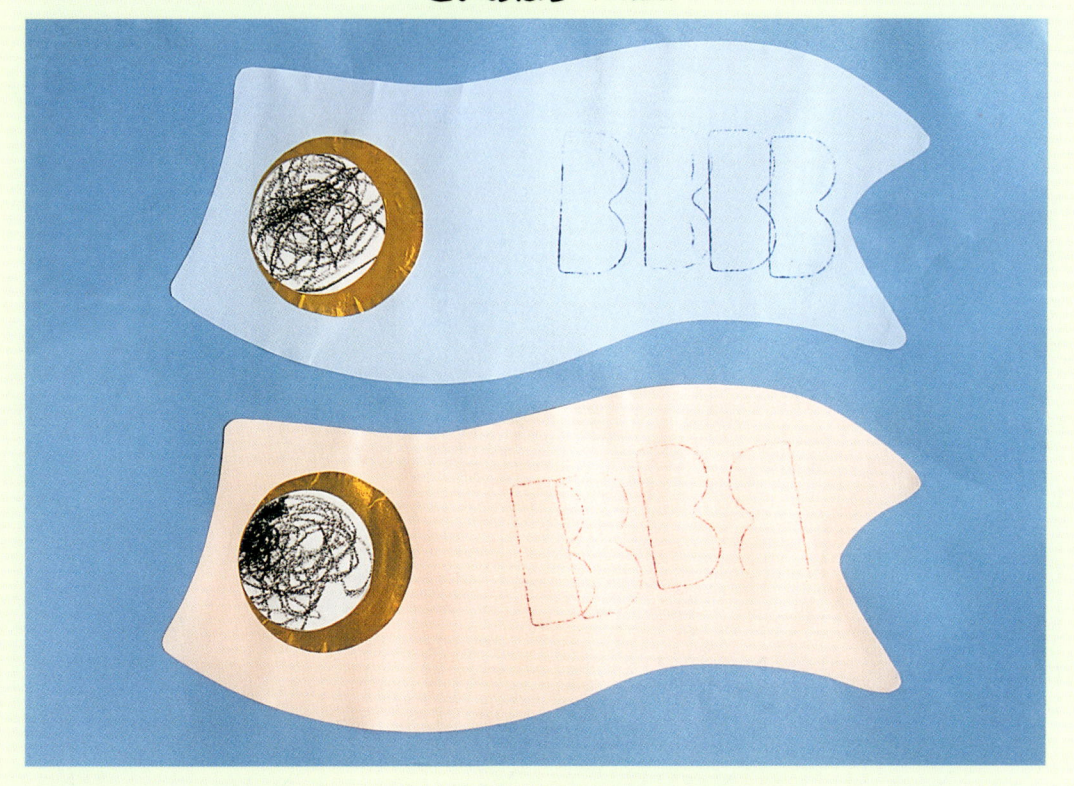

スタンプ・解説 2

スリッパ （1〜2歳児）　　　型紙 p.77

【ねらい】　「スリッパ」が題材となった劇あそびを楽しみ，自分の素敵なスリッパを作ります。

── ＊準備するもの＊ ──
- ●スリッパの型の厚手の画用紙（上の部分・下の部分）　●絵の具（白・赤・青・黄緑）
- ●スタンプとして使用する小物　●スポンジのタンポ　●艶出しカラー　●のり

指導方法

① スリッパの型紙の画用紙にタンポで色をつける
　「スリッパ」が題材の劇あそびを思い出したり，本物のスリッパを見せます。スリッパの型の紙を配り，タンポで好きな色をつけます。

② スリッパの上の部分の紙に模様をつける
　絵の具が乾いたら，スタンプとして使用する小物（マジックペンなどのフタやおもちゃのブロック，ししとうのヘタなど）で，丁寧にスタンプをします。

③ スリッパを仕上げる
　保育者が艶出しカラーでスプレーをしてスリッパの型を切り抜きます。のりで，スリッパの上の部分を下の部分に貼り付けて，組み立てます。
　※出来上がったスリッパは，状差しや小物入れとして使っても楽しいです。

てぶくろ （1〜2歳児）

【ねらい】　様々な模様や色のスタンプを楽しみ，あったかいてぶくろを作ります。

── ＊準備するもの＊ ──
- ●白の画用紙（八つ切り 1/4）　●ペットボトルキャップ　●毛糸
- ●つまようじ　●粘土　●スタンプ台（赤・オレンジ・紫・水色）

指導方法

① 手袋の形を見せる
　手袋の形に描いた画用紙を見せて何をするための物かみんなで話し合います。

② 粘土とペットボトルのキャップでスタンプづくり
　「かわいいスタンプに変身するよ」とペットボトルのキャップに粘土を詰めて，つまようじで粘土に模様を描き，画用紙に押して見せます。

③ スタンピングをする
　粘土のスタンプを幾つも用意し，好きな模様のスタンプで，画用紙に思う存分スタンプで楽しみます。「素

みかん （1～2歳児）

【ねらい】　「みかん」の名称，色，形，味をわかり，自分でいえるようにします。

── ＊準備するもの＊ ──

- ●色画用紙（八つ切り1/2）　●スタンプ台（みかん色の絵の具，p.24参照）　●みかん
- ●みかん大の円形のスポンジまたはタンポ　●綿棒
 （円形の厚紙の上に粘土を丸めて布でくるみ，輪ゴムで止める）　●絵の具（緑）

指導方法

❶ **おやつのみかんを配る**
　両手で持ち，形，色，味について話し合い，「丸い」「だいだい色」「甘い」「すっぱい」など言葉でみかんを表現します。
　輪切りにしたみかんを見せて，丸い形であることを確認します。

❷ **スタンプをする**
　スタンプまたは，タンポを見せて，「ポーン」とはっきり画用紙にスタンプがつくように押して見せます。子どもたちもしっかり絵の具をつけ「ポーン」といいながらスタンプをします。

❸ **ヘタをつける**
　みかんのスタンプが乾いたら，丸いヘタの部分は綿棒に緑の絵の具をつけて点描します。

指導のポイント

　スタンプやタンポは，子どもたちが持ちやすいように工夫して作ります。スタンプに使う場合，薄手のスポンジを利用すると便利です。

こいのぼり （1～2歳児）

【ねらい】　おもちゃのブロックでウロコ模様を作り，製作を楽しみます。

── ＊準備するもの＊ ──

- ●こいのぼり型の色画用紙（さくら・水色，八つ切り1/2）　●おもちゃのB型ブロック
- ●色画用紙　●目玉型の金色の折り紙と白の画用紙　●クレヨン（黒）　●スタンプ台（赤・青）

指導方法

❶ **こいのぼり型のさくら色と水色の画用紙を配る**
　「子どもの日」や「こいのぼり」について話してから，こいのぼりを作ります。

❷ **大きな金色の目玉の位置を決めて貼る**
　黒目は小さな画用紙にぐるぐる描きしたものを丸く切ってあげて金色の目玉の上に貼ります。

❸ **おもちゃのブロックでウロコの模様作り**
　B型のブロックをしっかり持ち，絵の具をゆっくりつけてスタンプします。2匹のこいのぼりが出来たら，大きな青の画用紙に貼り，飾ります。

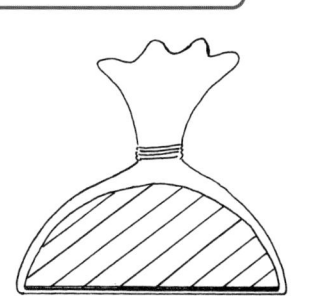

シール

▼クリスマスツリー（0歳児）

▼こいのぼり（1歳児）

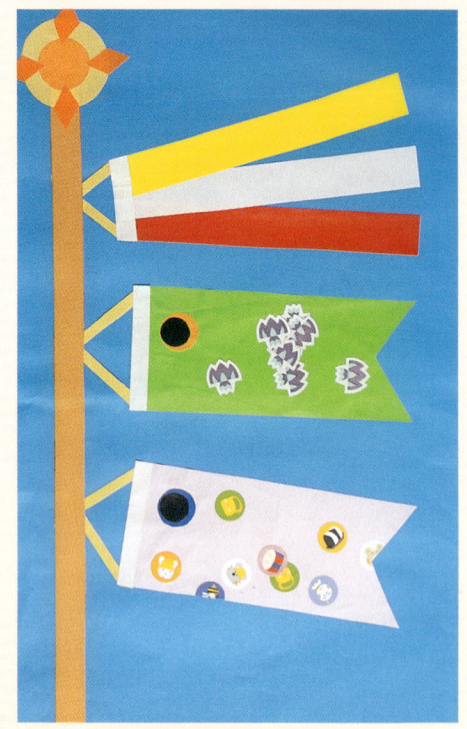

▼きのこ（1歳児）　参考作品

シール

▼魚（2歳児）

▼クリスマスカード（1歳児）

クウガと
ガオレンジャー
がほしい
たくみ

メリー・クリスマス

シール・解説

クリスマスツリー （0～1歳児）

【ねらい】　クリスマスツリーの装飾を一緒に見て楽しんで，表現活動を行います。

――＊準備するもの＊――

●ツリー型の緑色の画用紙　●ツリーの鉢型の茶色の色画用紙　●丸シール（5色位）　●わた

指導方法

❶ クリスマスツリーを見る
　「きれいだね」などの言葉をかけながら，飾ってあるツリーをじっくり見て楽しみます。
❷ 色画用紙を用意する
　クリスマスツリーの形に切った緑色の画用紙を用意して，丸シールを貼って見せます。
❸ ツリーにシールを貼る
　子どもたちに，ツリー型の画用紙と一人分ずつにした丸シールを配り，ツリーにシールを貼らせます。その後，保育者がクリスマスツリーの鉢を貼り，ツリーにわたの雪を貼ります。

指導のポイント

　手慣れないため，シールは扱いやすい大きめの丸シールを使い，シールを台紙から少し外しておくと子どもの指につき取りやすくなります。また，シールの台紙を細長く切り，シールが縦に並んでいると持ちやすいです。

こいのぼり （0～1歳児）

【ねらい】　季節の題材を取り上げ，指先を使って，シールをはがしたり，貼ったりしながら指の発達を促します。

――＊準備するもの＊――

●青色の画用紙　●吹流し・ポール用の色画用紙　●絵や柄のついている丸シール
●こいのぼり型の色画用紙（目なども貼っておく）

指導方法

❶ シールの貼り方を説明して貼る
　こいのぼりの形の色画用紙を見せて「きれいに模様をつけてあげようね」と話します。シールをシートからはがして「ペタン」と貼って見せます。一人ずつ見てあげながらシールを貼ります。
❷ こいのぼりを飾る
　保育者が青色画用紙にポールや風車，吹流しとともにこいのぼりをつけます。

魚　（1〜2歳児）

【ねらい】　夏の季節を感じ，魚の涼しげなイメージの製作に取り組みます。

―― ＊準備するもの＊ ――
- 水色の色画用紙（八つ切り1/4）
- 折り紙　● のり
- クレヨン　● 丸シール（銀色）

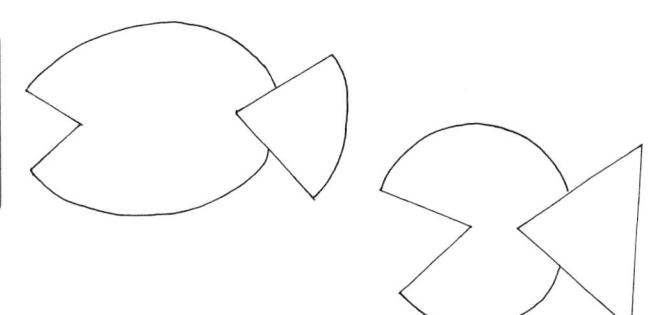

指導方法

❶ 魚をイメージする
　絵本や本物の魚を見せて，魚について話します。折り紙で切った魚の体としっぽの型を見せ，組み合わせると何の形になるか問いかけます。

❷ 水槽の中を描く
　水色の色画用紙とクレヨンを配り，水槽に見立て，線で水を表現して描きます。

❸ 画用紙に魚を貼る
　折り紙の魚の型を貼ります。「お母さん指にのりを少しつけてのばそうね」といい，のりをつけすぎると折り紙がしわしわになる事を話します。

❹ 魚の息の泡をシールで貼る
　見本の画用紙の魚の口元に銀のシールを貼り「お魚がプクプクと息を出しているところだよ」と説明し，自由に貼らせます。魚の目は，クレヨンで描きます。

クリスマスカード　（1〜2歳児）

【ねらい】　自分のクリスマスカードを作り，シール貼りを楽しみます。

―― ＊準備するもの＊ ――
- 藍色の画用紙（八つ切り1/2）　● クリスマスツリー・ながぐつ型の色画用紙（赤・黄・緑・茶）
- シール（丸型・四角型）　● 綿棒　● わた　● 絵の具（白）

指導方法

❶ クリスマスの雰囲気を楽しみながら材料を配る
　保育室に飾られたクリスマスツリーを見たり，絵本を見ます。クリスマスの話をして，プレゼントに何が欲しいか聞いて書き留めます。その後，クリスマスツリーとブーツの形を貼った藍色の色画用紙を見せて配ります。

❷ シールを貼る
　ツリーには，シール（丸・四角）を自由に貼ります。

❸ 雪を描く
　ツリーのまわりに白い絵の具をつけた綿棒で点描をして雪を表現します。

❹ 欲しいプレゼントを書く
　ブーツにわたを貼り，事前に聞いておいた子どもたちの欲しいプレゼントを保育者が書きます。

筆

▼**コスモス**（2歳児）

▼**プリン**（2歳児）

■筆

◀ぶどう（クレヨン）（2歳児）

ぶどう（絵の具）（2歳児）▶

63

筆・解説 1

コスモス （1～2歳児）

【ねらい】　秋のきれいな花をよく見て，一枚一枚の花びらを点描で表現します。

― ＊準備するもの＊ ―
- ●青の色画用紙（八つ切りたて長1/3）　●絵の具（ピンク・黄）　●筆　●スポンジタンポ

指導方法

❶ **秋の花であるコスモスを見る**
　園庭や公園に咲いているコスモスを見に行きます。コスモスの花は花びらがきれいに丸く並んでいること，また，真ん中は，丸くなっていることを気づかせます。花びらの花芯の色についてもよく見ます。

❷ **筆の使い方を指で練習する**
　子どもたちと一緒に人さし指を出して，指で花びらを描くまねをしてみます。指を立ててから，寝かせると長細い点が描けることを伝えます。

❸ **花芯をタンポで表現する**
　色画用紙を1枚ずつ配り，黄色の絵の具をつけたスポンジタンポを押して花芯を描きます。

❹ **筆で花びらを描く**
　描いた花芯のまわりに筆の点描で花びらを描いて見せます。子どもたちに筆を配り，乾いた筆のまま，点描で順番に花びらを並べて描く練習をします。

❺ **絵の具をつけて筆で描く**
　ピンクの絵の具をつけた筆を花芯のまわりに立ててから寝かせて，花びらをゆっくり丁寧に一枚一枚描くよう言葉をかけます。

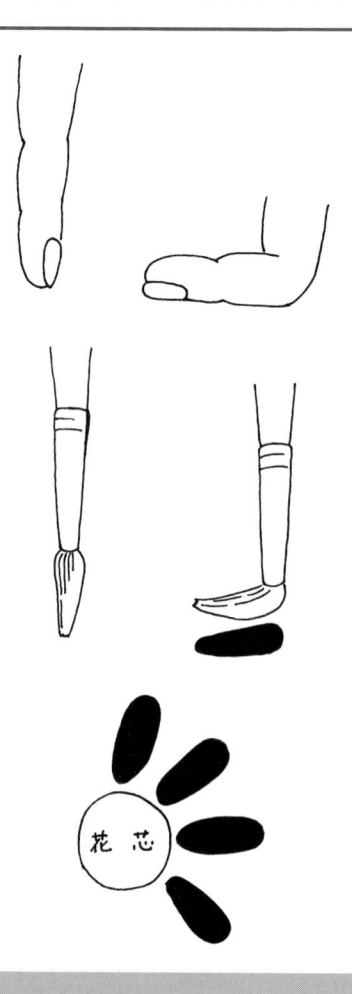

プリン （1～2歳児）

【ねらい】　大好きなプリンを，2色の色の使い分けで表現します。筆によるリズミカルな点描が出来るようにします。

― ＊準備するもの＊ ―
- ●白の画用紙（15cm×15cm）
- ●水入れ　●筆
- ●絵の具（黄色・茶色）

指導方法

❶ プリンについて話をする

子どもたちに，プリンの形の描いてある画用紙を示して「黄色で，上の方が茶色でみんなの大好きな甘い食べ物なあに？」と問いかけて話をします。「プリン」という答えがでたら，もう一度プリンの形や色を確認します。

❷ 点描の練習をする

プリンの形の描いてある画用紙と筆を配り，絵の具をつけていない筆のままで，プリンの形の中を丁寧に横に「てんてんてん……」と点描でぬる練習をします。

❸ 黄色の絵の具で描く

絵の具をつけたら，「プリンの形の外には『てんてん』が出ないようにしようね」と丁寧にゆっくり点描ができるよう言葉かけをします。

❹ 茶色のカラメルソースを描く

プリンの上には甘くてとろりとした茶色のソースがかかっていることを子どもたちと確認し合い，黄色の部分が乾いたらプリンの上の茶色のソース部分を点描してぬっていきます。

ぶどう　（1～2歳児）

【ねらい】　季節の食べ物に目を向け，秋の味覚を味わいます。給食やおやつで食べるぶどうの形や色，実が枝のどこについているかよく見て知ります。

```
＊準備するもの＊
● 藤色の画用紙2枚
　（19.5cm×22cm）
● ぶどう
● 絵の具（紫）
● クレヨン（紫）
```

指導方法

❶ ぶどうをよく観察する

給食やおやつのぶどうを十分に味わいながら食べたことを思い出します。見本用のぶどうを置き，ぶどうの房をよく見て子どもたちにも一つ一つ丁寧にとってもらいます。ぶどうを全部とった後の状態もよく見せます。

❷ 実を描くことを促す

ぶどうがついていない軸を描いた画用紙を見せ，ぶどうの実をつけてほしいと話します。

❸ クレヨンで実を描く

画用紙にクレヨンでぶどうの大きさを考え，小さく「ぐるぐる」と描いて実をつけていきます。

❹ 二枚目のぶどうを描く

二枚目の画用紙は，指に絵の具をつけて，クレヨンのぶどうよりも，もっとおいしそうなぶどうになるようにやさしく指先だけで「ぐるぐる」と実をつけます。

▼自分（ポーズ人間）を作る（2歳児）

▼**雨が降るよ**（2歳児）

筆・解説 2

自分（ポーズ人間）を作る　（1〜2歳児）　　　型紙 p.78

【ねらい】　自分の好きな顔，好きなポーズに楽しく取り組み，製作します。

＊準備するもの＊

- 黄緑色の画用紙（30cm×45cm）
- 薄茶色の画用紙（八つ切り1/2）
- 白の画用紙（八つ切り1/2）
- 綿棒　●スポンジのタンポ
- のり
- はさみ
- クレヨン
- 絵の具（白とだいだい色と黄土色または黄色の混色・赤・黒）

指導方法

❶ 「ポーズ人間」を作ろうと誘う
　自分の顔と素敵な洋服をつくり，格好いい作品を作ってみようと提案します。

❷ 顔を描く
　1回目 (イ) 自分で輪郭を描きます。
　　　　(ロ) 顔の色は絵の具をつけたスポンジタンポでつけます。
　2回目 (イ) 顔の目・鼻・口を確認してから，綿棒で描きます。
　　　　(ロ) 髪の毛も綿棒で描きます。
　　　　(ハ) 出来上がった顔の形を保育者が切り取ります。

❸ 洋服とスカートを作る
　3回目 (イ) スカートやズボンになる画用紙に好きな絵の具の色を選び，スポンジタンポでつけます。
　　　　(ロ) スカートやズボンの形を聞いて保育者が切ります。
　4回目 (イ) 上着になる画用紙に縦横の線をクレヨンで描いてからスカートやズボンとはちがう色の絵の具をつけます（はじき絵）。
　　　　(ロ) 保育者が洋服の体と袖の部分に切り取ります。

❹ 足を作る
　5回目 (イ) 色画用紙で足の分として線を入れておき，2本に切ります。

❺ 体の部分を合わせる
　顔，洋服，足をどう組み合せるのか考えてポーズを作ります。子どもがのりをつけすぎないように，別の紙の上でのりをぬってから貼ります。そして，保育者が作っておいた手と靴を貼り，完成させます。

雨が降るよ （1〜2歳児）

【ねらい】 雨の様子がわかり，雲から降ってくることがわかるようにします。上から下への線（雲から降る）が描けるようにします。

＊準備するもの＊

- 薄水色の画用紙（八つ切り1/2）
- 絵の具（白と黒の混色） ●クレヨン（白・ねずみ色・水色）
- 水入れ
- 筆

指導方法

❶ 上下の区別がつく経験をさせる

自分の体を使って，しゃがんだり立ち上がったりと「上」と「下」のことを動作で表現したりして，上下を意識させてあそびます。

❷ 「雨」について話す

雨の日に使う「傘」「ながぐつ」「レインコート」などについて話し合います。雨の歌や雨降りの絵本などで，雨の日の楽しさを子どもたちと一緒に見つけます。

❸ ぐるぐる描きの雲を描く

上下の関係を意識させながら空と大地のことを話し，空の上には雲があることを説明します。「雨を降らせる雲をお空に描いてみよう」といい，画用紙の上の方に灰色のクレヨンで，ぐるぐる描きの雲を描きます。

❹ 雨を描く

雲から降ってくる雨をクレヨンで「上から下へ」描いて，降らせます。

❺ はじき絵をする

「雨が降っている時は，暗くなるね」といい，灰色の絵の具を薄く溶いて，筆にたくさんの絵の具をつけます。「お外を暗くしてあげよう」と全体にやさしく色をつけ，はじき絵にします。

指導のポイント

発展として，ティッシュを丸め，灰色の絵の具をつけて，雲をつくり，乾いたら綿棒で雨も楽しく描きます。

🌿 実践者の言葉

雨について話したり，絵本や歌を使って子どもたちとたくさん「雨」に親しみ，楽しみました。そのおかげで，作品の製作中にも夢中になって取り組み，「楽しいね」といいながら，何枚も描く子もいました。また，雲の上から雨が落ちることもわかり，意識して上から下への線描きもできました。

▼ **自分の顔**（2歳児）

サンタクロース（2歳児）▶

◀ゆきだるま（2歳児）

筆・解説 3

自分の顔 （1～2歳児）

【ねらい】　自分や友だちの顔の表情に目を向け，顔の輪郭をとらえて，顔の部位の名称や位置がわかって描けるようにします。

―― ＊準備するもの＊ ――

- ●薄ピンクと白の画用紙（13cm×13.5cm）　●クレヨン（オレンジ・黒・赤）
- ●絵の具（白とだいだい色と黄土色または黄色の混色・赤・黒）　●綿棒　●筆

指導方法

❶ クレヨンで自分の顔を描く

薄ピンクの画用紙にクレヨンで描いた顔の輪郭の丸い形の中に目・鼻・口・耳・髪の毛を一つ一つ確認しながら描きます。簡単な顔の絵をたくさん描かせる経験をさせます。

❷ 顔の部位に興味をもち，あそぶ

子どもたちと，もう一度ゆっくり顔の各部位について触れたり動かしたりしてあそび，自分や友だちの顔の表情に関心をもたせます。

❸ 描き上げた顔の絵を見る

丸い形の中に描いた自分の顔の絵を見ながら，各部位の形などについてよく見て確認し合います。

❹ 点描の顔を描く

白い画用紙に自分の顔の形をクレヨンで描きます。筆を使い，絵の具で，顔の色をゆっくり丁寧に点描します。絵の具が乾いたら，綿棒で目・鼻・口を描いて髪の毛を描いて完成させます。

サンタクロース　（1～2歳児）

【ねらい】　クリスマスに向け期待を膨らませ，はさみの使い方を覚え，連続切りができるようにします。

―― ＊準備するもの＊ ――

- ●群青色の画用紙（19.5cm×23cm）
- ●白の画用紙（顔用・11cm×11cm　三角帽子用・12cm×8cm）
- ●絵の具（赤・ペールオレンジ・白・黒）　●タンポ　●筆

指導方法

❶ クリスマスの話をする

クリスマスの日やサンタクロース，プレゼントのことなどについて話をして，クリスマスに対する思いを盛り上げます。

❷ **サンタクロースの顔と帽子を貼る**

　丸と三角がそれぞれ書いてある画用紙を配り，丸い方の画用紙を切り，台紙の色画用紙に貼ります。

❸ **顔を作る**

　丸い顔にペールオレンジの絵の具をタンポにつけて，サンタクロースの顔づくりをします。

❹ **帽子を作る**

　三角の方は赤い絵の具をタンポにつけて乾いてから切り，帽子にします。
　サンタクロースの顔に三角の帽子を貼りつけて，ボンボンも帽子につけます。

❺ **サンタクロースの顔を描く**

　目，鼻，口を線棒で描き，サンタクロースの白いひげを白い絵の具をつけて筆点描します。

ゆきだるま （1～2歳児）

【ねらい】　雪の冷たさや固まることを知り，大きな丸と小さな丸を描くことが出来るようします。

＊準備するもの＊

- 雪だるま
- 灰色の画用紙（19.5cm×27cm）
- 帽子用のピンク色の画用紙（5cm×3cm）
- ミトン（てぶくろ）型と帽子型の5色の画用紙
- 絵の具（白・赤・黒・オレンジ）
- 筆（12号）
- チョーク
- のり
- 綿棒

指導方法

❶ **雪に触れて雪あそびを経験させる**

　実際に雪が降ったら，雪あそびを経験させます。しっかりした雪だるまを作り，玉の大小の違いがわかるように雪だるまに触ったり作ったりしてあそびます。

　※雪だるまが作れたら，画用紙に入る大きさ直径15cmと10cm位の雪だるまを見本用に作ります。子どもたちに見せて，大きさをよく見てもらいます。

❷ **画用紙に描く大きさを確かめる**

　画用紙を配り，どこにどのくらいに描くか指や手でやってみます。大きさが決まったら，チョークで大きな丸と小さな丸を描き，雪だるまの下書きをします。

❸ **雪だるまを点描をする**

　筆に白い絵の具をつけ，真っ白な雪をゆっくりと点々で大きく膨らましていきながら，雪だるまを描きます。雪だるまが乾いてから綿棒で目・鼻・口を描きます。

❹ **帽子，ミトンをつけて飾る**

　帽子とミトンは5色の色画用紙で作ってある中から好きな色のセットを選び，自分でつけたいところにのりづけをします。

[てるてる坊主とかたつむり　p.16]

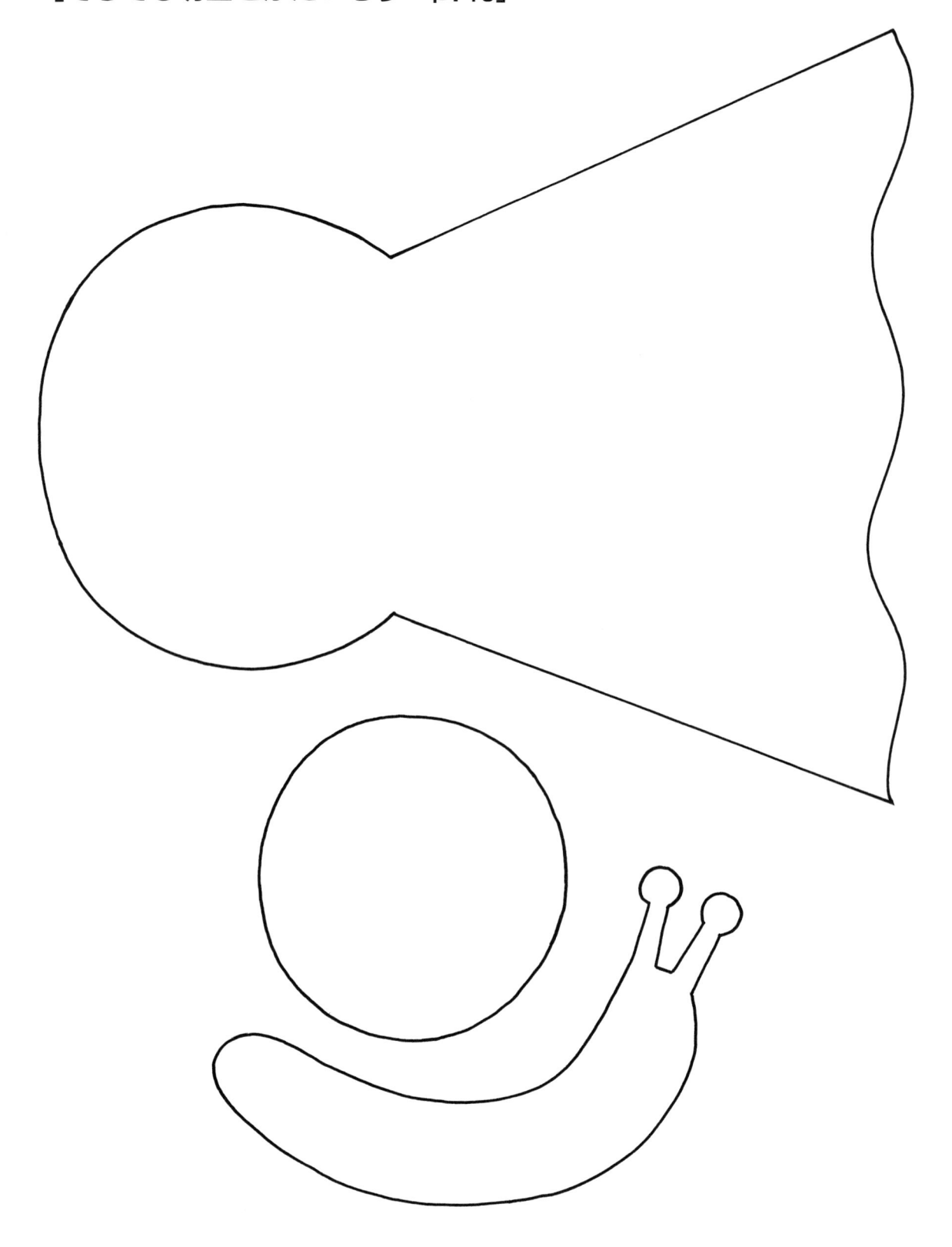

[あひる p.25]

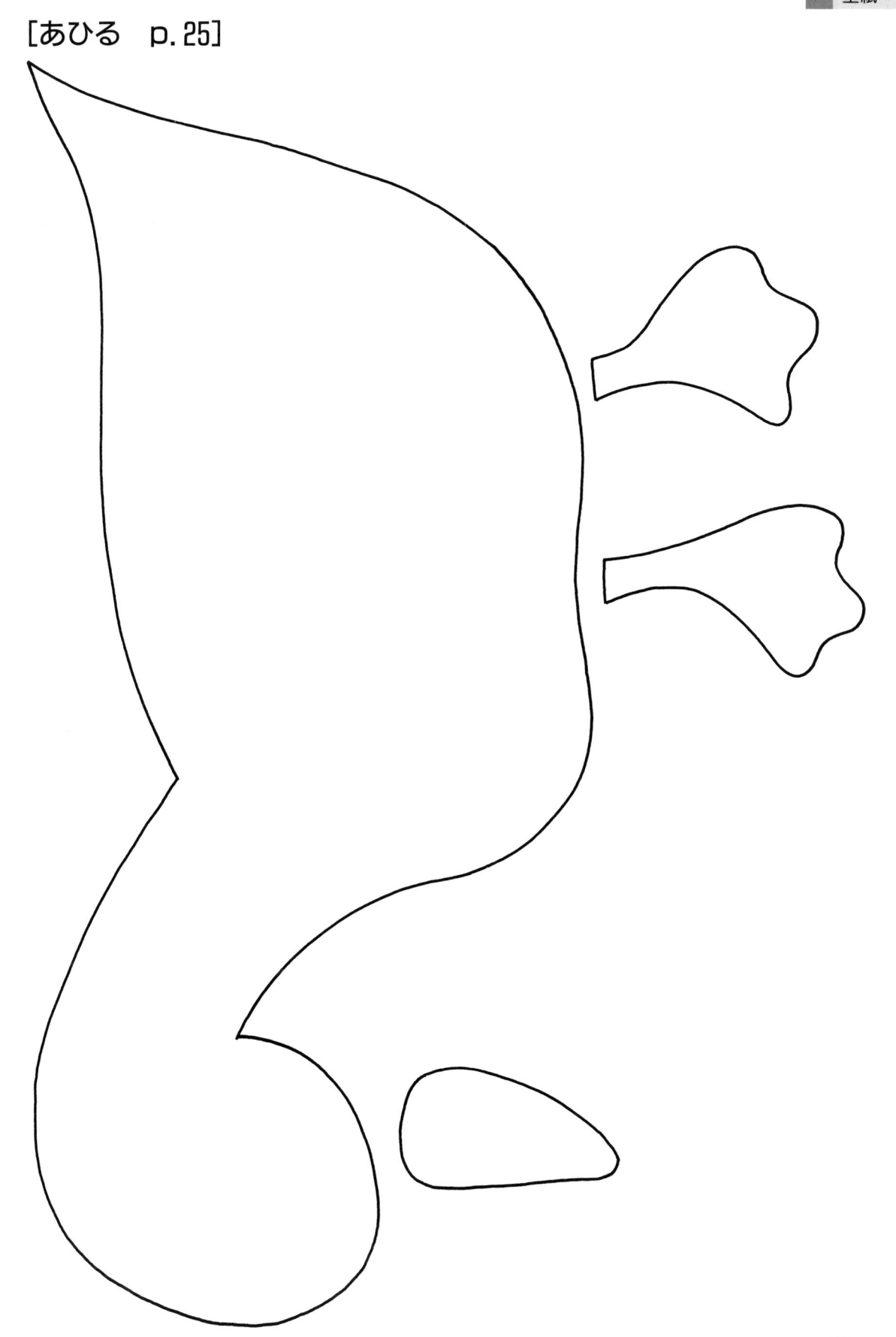

型紙

[サンタクロース　p.49]

[スリッパ p.56]

※190％に拡大コピーすると，約27cmの長さのスリッパになります。

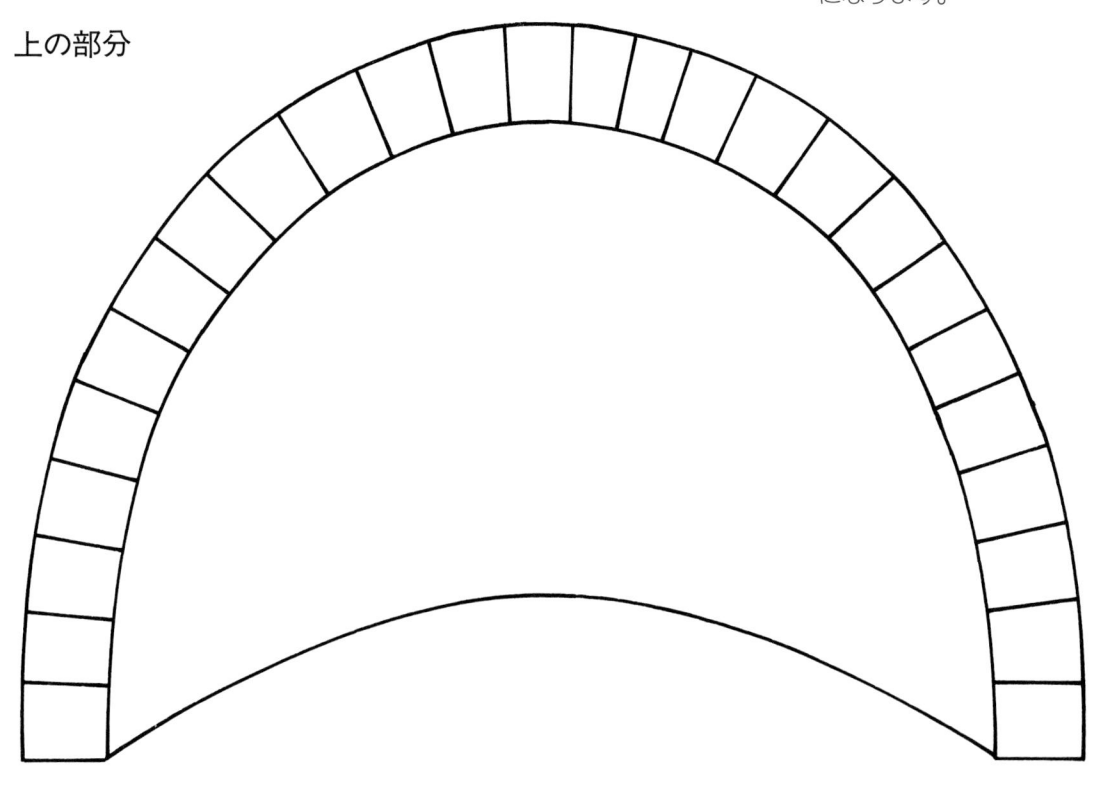

上の部分

下の部分

型紙

[自分（ポーズ人間）　p.68]

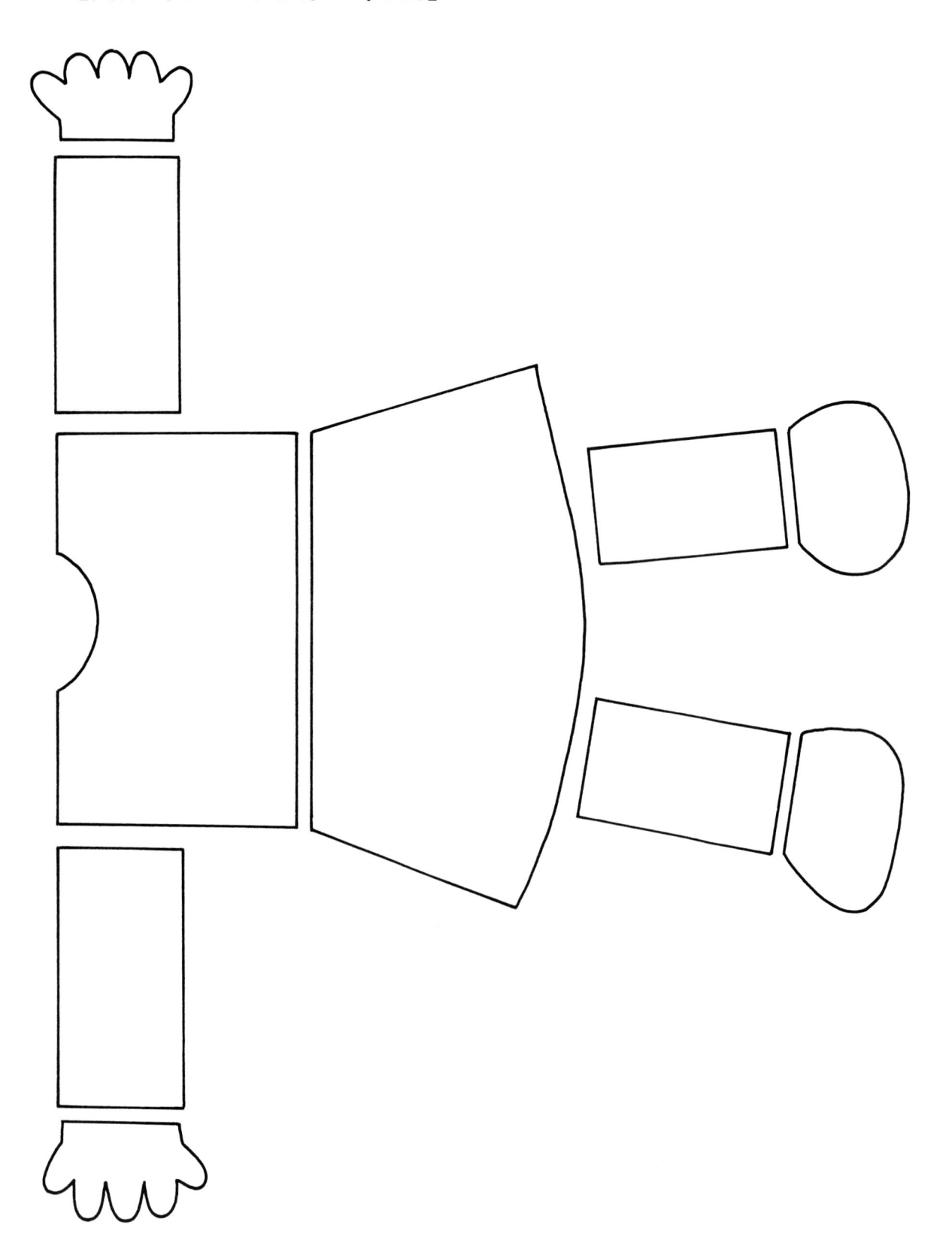

●執筆関係者一覧●

執　　筆　松浦龍子（芸術教育の会副会長／絵画研究会代表）
　　　　　　熊本県水俣市出身。1957年，川村短期大学保育科卒。以来，幼稚園に勤務し，乳幼児の美術教育について，現場での実践と研究を継続。現在，やなせ幼稚園（神奈川県）副園長。主な著書に『3・4・5歳児の描画指導12カ月』『テーマ別　楽しい幼児の絵の指導』（共に黎明書房）がある。

　　　　　遠山由美子（芸術教育の会理事／絵画研究会）
　　　　　　長崎県長崎市出身。1968年，長崎純心女子短期大学保育科卒。長崎市公立保育所勤務を経て，1972年より座間市公立保育園に勤務。神奈川県のサークルで絵画表現指導の実践・研究を重ねる。現在，相武台保育園（神奈川県）園長。『3・4・5歳児の描画指導12カ月』（黎明書房）に，実践作品を提供。

　　　　　丸山智子（芸術教育の会理事／表現活動研究会代表）
　　　　　　愛知県豊川市出身。公立保育園の現役保育士として長年子どもたちと接する中で，子どもの成長・発達に即した絵画・造形・表現の指導にも力を入れ，ユニークな視点から，実践・研究を積み重ねている。主な著書に『0〜3歳児の描画指導』（黎明書房）がある。

協　　力　［東　京　昭和郷保育園］　上林唱子（園長）
（順不同）　［神奈川　やなせ幼稚園］　濱島靜枝（理事長，園長）
　　　　　［神奈川　やなせ保育園］　石塚康子（園長）　　［神奈川　座間保育園］　渡辺紬子（園長）
　　　　　［神奈川　桜ヶ丘保育園］　佐藤貴美江（園長）　野武慶子
　　　　　［神奈川　聖美保育園］　　小野木律子　　　　［茨　城　牛久アートスクール］　石川和子
　　　　　［神奈川　あさひが丘幼稚園］　狩野　香　稗田敦子　木村奈々子

実　　践　［東　京　昭和郷保育園］　井坪朋子　有我朱里　内山里美　松井佑季　林部裕子　土谷仁美　小野良子
（順不同）　　　　　　　　　　　　　渋谷かつみ
　　　　　［神奈川　やなせ幼稚園］　松浦龍子
　　　　　［神奈川　やなせ保育園］　小林和子　相馬美穂
　　　　　［神奈川　座間保育園］　　髙橋万里子　丸山美香　桂　歩美　広澤優子　野島智子
　　　　　［神奈川　相武台保育園］　遠山由美子　保住みすみ　山野広子　西川月子　澤田厚子
　　　　　［神奈川　桜ヶ丘保育園］　野武慶子　加藤清美　岩城真由美　鈴木雅美　杉山　愛
　　　　　［神奈川　聖美保育園］　　小野木律子

作品協力　［東　京　昭和郷保育園］　富塚祐貴　玉川未蘭　呉　竹君　大河原桜椋　陳　沢文　山口もね　藤平　遥
　（園児）　　　　　　　　　　　　　細谷花蓮
（順不同）　［神奈川　やなせ保育園］　田畑のぞみ　木村明日香
　　　　　［神奈川　座間保育園］　　三浦天志　斎藤保奈美　三村摩耶
　　　　　［神奈川　相武台保育園］　植木美紗都　細田燦享　平澤碧乃　増山知花　黒川　翔
　　　　　　　　　　　　　　　　　　サクラ・ラジャパクセ　和田萌々花
　　　　　［神奈川　桜ヶ丘保育園］　磯部冠人　杉浦　伶　武部　倭　佐藤彩花　富　拓海　吉野美来　谷山亮太
　　　　　［神奈川　聖美保育園］　　すみれ組（1歳児クラス）

監　修	芸術と遊び創造協会（旧芸術教育研究所） 芸術教育を通して子どもたちの全面発達を育むための研究機関として，1953年に設立。美術，音楽，演劇，文学，工芸などさまざまな芸術教育の研究及び実践を進めている。1975年に教師や保育者等とともに芸術活動の研究・実践をサポートする組織「芸術教育の会」を発足。また，1984年より，おもちゃ美術館を開館し，世界のおもちゃの展示及び手づくりおもちゃなどの活動を展開。2008年春，東京都中野区から新宿区に移転。 定期的に芸術教育，幼児教育，おもちゃ関連の講座，セミナーも開催しており，受講生は3万人を超える。2006年より，豊かな表現活動を育む絵画指導者を育成する「保育 絵画指導スペシャリスト」養成講座を開講。
企　画	芸術教育の会
編　集	山田恭代（旧芸術教育研究所）
作品写真	栁下敏久
写真提供	小林和子　相馬美穂　遠山由美子
イラスト	吉川美智子　山田恭代

お問い合わせは……
認定NPO法人芸術と遊び創造協会（中野オフィス）
〒165-0026　東京都中野区新井2-12-10
☎　03(3387)5461
Mail：nakano@art-play.or.jp

技法別　0・1・2歳児の楽しい描画表現活動

2004年3月10日初版発行	監　修	芸術と遊び創造協会	
2018年6月30日9刷発行	著　者	松浦龍子 遠山由美子 丸山智子	
	発行者	武馬久仁裕	
	印　刷	株式会社　太洋社	
	製　本	株式会社　太洋社	

発　行　所　　株式会社　黎明書房

〒460-0002　名古屋市中区丸の内3-6-27　EBSビル　☎ 052-962-3045
　　　　　　　FAX 052-951-9065　振替・00880-1-59001
〒101-0047　東京連絡所・千代田区内神田1-4-9　松苗ビル4階
　　　　　　　☎ 03-3268-3470

落丁本・乱丁本はお取替します　　　ISBN978-4-654-06079-5
© ART EDUCATION INSTITUTE 2004, Printed in Japan